Inhaltsverzeichnis

Bildungsbereiche

Vorwort

Liebe Kolleginnen und Kollegen,

der Hund bellt und die Katze maunzt. Das Schwein grunzt und das Pferd wiehert.
In den ersten Lebensjahren sind Tiere ein ganz beliebtes Thema bei Kindern. Die Nachahmung der Tierlaute steht häufig am Anfang des Spracherwerbs, da Tierlaute einfach sind und sofort von den Eltern verstanden und zugeordnet werden. Viele Eltern greifen damit unbewusst ein bei den Kindern beliebtes Thema auf und vertiefen es mit ihrem Kind. Dadurch werden Interessen und Neugierde geweckt, weshalb Tiere im Kleinkindalter eine sehr wichtige Rolle spielen und eines der ersten Themen sind, mit denen sich Kinder intensiv auseinandersetzen.
Im späteren Kindergartenalter sind es mehr die Bereiche Verantwortung, Achtung vor dem Lebewesen, Neugier und vor allem die Liebe zu Tieren, die das Interesse daran wachhalten. Dabei spielt es kaum eine Rolle, ob es Jungen, Mädchen, jüngere Kinder oder Vorschulkinder sind, ob sie introvertiert oder kontaktfreudig, Bewegungsmuffel oder bewegungsfreudig sind. Im Umgang mit Tieren werden viele Kinder ruhig und verantwortungsbewusst. Für gewöhnlich lernen Kinder erst einmal die gängigsten Tierarten wie Pferde, Hühner, Katzen, Hunde usw. kennen, da diese Tiere in der Nähe sind und sie greifbarer sind als zum Beispiel Zootiere. Aus diesem Grund findet das Thema Bauernhof bei Kindern immer wieder aufs Neue großen Anklang.

Das Thema bietet sich in Kindergartengruppen deshalb so gut an, weil man es sehr breit gefächert gestalten kann. Hier ist für jedes Alter etwas dabei und man kann die Angebote von einfach bis schwer ausrichten. Während die Jüngsten sich mehr mit dem Aussehen und dem Leben der Tiere beschäftigen, erfahren die Älteren, welche wichtige Bedeutung die Bauernhoftiere in Bezug auf die Nahrungsgrundversorgung für uns Menschen haben. Darüber hinaus erleben die Kinder das befriedigende Gefühl, für jemand anderes zu sorgen, wo doch im Alltag die Erwachsenen ihre Versorger sind.

Ziele dieser Projektmappe:

- Förderung des Sozialverhaltens durch Übernahme von Verantwortung, Rücksichtnahme, Hilfsbereitschaft und Aufmerksamkeit.
- Sensible Umgangsformen und Einfühlungsvermögen werden trainiert.
- Wissen über die Lebensformen auf dem Bauernhof, physische Merkmale einzelner Tierarten, deren Versorgung und Nutzen werden vermittelt.
- Durch den Austausch untereinander, durch neues Sachwissen und Bilderbücher kommt es zum Ausbau des Wortschatzes und des Sprachgebrauchs.
- In verschiedenen Angeboten werden Körperwahrnehmung, Motorik und die fließende Ausführung der eigenen Bewegung trainiert.
- Training der Ausdauer, Konzentration, Feinmotorik, Wahrnehmung und Handlungsplanung.
- Jedes Kind erfährt sich als wirkendes Mitglied in der Gesellschaft. Es begreift, dass es selbst etwas Großes leistet und Verantwortung übernehmen kann.

Die Projektmappe ist für Kinder im Alter von 2 bis 6 Jahren geeignet, siehe hierzu auch die Symbole und Erläuterungen auf der Seite 3.

Cornelia Emde

Rückmeldung:
Gerne lese ich Ihre Meinung zu der Projektmappe **„Bauernhof“:**
cornelia.emde@web.de

Hinweis:
Aus Gründen der besseren Lesbarkeit wird im Folgenden auf eine sprachliche Differenzierung der weiblichen und männlichen Bezeichnungen verzichtet. Da die Erzieher in Kindertageseinrichtungen zumeist weiblich sind, haben wir uns hier für die weibliche Form entschieden. Selbstverständlich sind stets alle Geschlechter angesprochen.

Vorbemerkungen und Arbeitshinweise

Zu den verwendeten Symbolen

Bildungsbereiche (jeweils das äußerste Symbol oben rechts auf den Arbeitsblättern):

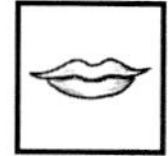 Sprachliche Bildung

 Musikalische Bildung

 Ästhetische Erziehung

 Umwelt-, Sach- und Naturbegegnung

 Gesundheit und Ernährung

 Mathematische Bildung

 Feste und Feiern

 Wahrnehmung und Entspannung

 Körpererfahrung und Bewegung

 Sozialerfahrungen

Sonstige Symbole:

 geeignet für die Begabtenförderung

 für unter 3-Jährige geeignet

Layout:

- Die Seiten mit den **Hühnern** im Layout unten rechts sind für die Erzieherin gedacht.

- Die Seiten mit der **Heugabel** unten rechts sind Arbeitsblätter, die direkt mit den Kindern bearbeitet werden können.

Allgemeine Hinweise zur Organisation und Durchführung

Erstellen einer Themenwand oder Themenecke

Wählen Sie mit den Kindern eine Ecke oder einen Spielbereich für die Themengestaltung aus. Der Bereich sollte Platz zum Spielen bieten und entsprechend gestaltet werden. Es sollten auf jeden Fall Anschauungsmaterialien wie Stroh, Heu, Futter (Mais, altes Brot), Spielzeugtiere, Bücher und Spiele zum Thema Bauernhof vorhanden sein. Wichtig ist, dass die Ecke für alle Kinder frei zugänglich ist und die Fläche auch ausreichend Platz für Rollenspiele bietet. Kinder finden schnell und leicht in ein soziales Spiel, wenn die Umgebung entsprechend dazu einlädt. Natürlich sollte alles, was die Kinder in der Projektphase zu dem Thema herstellen oder basteln, dort platziert werden, damit sie stets darauf zugreifen und die Sachen in ihr Spiel miteinbeziehen können. Es wäre schön, wenn die Eltern ebenfalls Zugang haben, denn dann können sie an dem Thema mitwirken und es auch zu Hause aufgreifen. Je intensiver das Projekt gestaltet wird, desto höher werden der Lerneffekt und die Bildung bei den Kindern sein.

Erstellen eines Portfolios

Stellen Sie mit den Kindern Portfolios in Ordnern oder Schnellheftern her. Darin können alle Bilder, Basteleien, Fotos usw. eingeklebt und eingeheftet werden. Ein schönes Deckblatt vollendet die individuelle Dokumentation jedes Kindes zu diesem Thema. Am Ende der Projektzeit kann jedes Kind sein Portfolio mit nach Hause nehmen.

Allgemeine Organisation

Das Projekt ist so angelegt, dass die Angebote entweder zusammenhängend oder einzeln durchgeführt werden können. Obwohl einige Angebote auf der Eingangsgeschichte (s. S. 6) basieren, müssen sie nicht zwingend daran festgemacht werden. Wünschen Sie die Geschichte nicht oder haben eine andere, dann

Vorbemerkungen und Arbeitshinweise

können Sie die Angebote auch auf Ihre individuellen Ideen beziehen.
Andere Angebote beziehen sich auf das Erntedankfest. Man kann diese gegebenenfalls auch ausklammern. Allerdings muss das Fest (s. S. 34) nicht zwingend als Erntedankfest gefeiert werden, sondern kann auch als Abschlussfest für das Thema dienen. Dazu fallen die religiöse Andacht und ihre Bezüge einfach weg.
Natürlich sollte mindestens einmal ein echter Bauernhof besichtigt werden. Hierbei können die Kinder alles Gelernte in die Praxis umsetzen oder dabei sein, wenn es vom Bauern gemacht wird. Es ist empfehlenswert, den Kindern die Möglichkeit zu bieten, alles selbst zu machen.
Ihnen wird auffallen, dass sich einige Angebote inhaltlich ähneln, wie zum Beispiel die Wiederholungen, was Tiere fressen, was sie produzieren usw. Dies ist bewusst so gemacht, denn für Kinder ist es enorm viel Wissen, welches sie in diesem Projekt erfahren. Um dieses Wissen zu festigen, muss es ständig wiederholt werden.

Tipps und Anregungen zu den einzelnen Arbeitsblättern:

Zum Umgang mit den Arbeitsblättern:

Diese Projektmappe enthält auch einige Arbeitsblätter, deren Aufgabenstellung Sie mit den Kindern in Kleingruppen besprechen (vorlesen) müssen.
Für die Aufbewahrung der Arbeitsblätter empfehle ich, je nach Gruppensituation und organisatorischen Bedingungen, verschiedene Möglichkeiten:

- Ablagefächer (alternativ unifarben gestaltete Deckel von Kopierpapierkartons): Die Kinder haben so freien Zugriff auf die darin sortierten Arbeitsblätter und können ihre Aufgaben selbst auswählen.
- Jedes Kind verfügt über einen Schnellhefter, in den die Erzieherin regelmäßig nach Alter und Entwicklungsstand ausgewählte Arbeitsblätter (z. B. zwei Arbeitsblätter pro Woche) einheftet oder gemeinsam mit dem Kind aussucht. Die Kinder wählen die Zeit der Bearbeitung entweder frei oder es gibt festgelegte Zeiten, innerhalb derer ein Kind seine Arbeitsblätter bearbeiten kann.
- Die fertiggestellten Arbeitsblätter werden im Schnellhefter oder in einer Sammelmappe/einem Sammelordner abgeheftet bzw. gehören als Anlage zur Bildungsdokumentation oder zum Portfolio.
- Es empfiehlt sich außerdem, einen (mit Geschenkpapier beklebten) Schuhkarton für andere gefertigte Objekte anzulegen.

Hinweise zu Ausflügen:

- Die Strecke vorher abgehen, um eventuelle Gefahren zu erkennen und ggf. zu vermeiden.
- Informationen zu Versicherungen im Schadensfall oder gar bei Verletzungen einholen.
- Auf jeden Fall für genügend Begleitpersonen sorgen.
- Die Eltern und Vorgesetzten über den Ausflug informieren, ggf. sogar die schriftliche Erlaubnis einholen.
- Einen Elterninfobrief aufsetzen und auf mögliche Gefahren hinweisen und auch da wieder schriftlich absichern, dass die Eltern über die Gefahren aufgeklärt wurden und das Kind trotzdem teilnehmen darf.
- Erste-Hilfe-Set mitnehmen, Telefonnummern der Eltern für den Notfall aufschreiben und mitführen.

Themavertiefung im Freispiel

Da das Freispiel nach wie vor eine zentrale Rolle im Kindergartenalltag spielt, sollte das Thema Bauernhof auch hier seinen Platz finden. Oftmals setzen die Kinder zuvor Gelerntes im Freispiel um oder produzieren ihre eigenen Spiele. Es ist wichtig, dass alle erarbeiteten Dinge oder gestellten Materialien für die Kinder zugänglich sind und im freien Spiel genutzt werden können. Am ehesten lassen sich die Kinder auf ein Spiel ein, wenn das Material dafür vorhanden ist und ein Raum für das eigene Explorieren geschaffen wird. Mit echtem Stroh, Spielzeugtieren, Stofftieren, Eimern usw. können sich die Kinder selbst verwirklichen. Stellt man Dinge wie Mais und Getreide zur Verfügung, fordern sich die Kinder selbst dazu auf, sich damit zu befassen und zum Beispiel die Körnchen voneinander zu trennen. Man muss sich dabei immer wieder vor Augen halten, dass die Kinder in von ihnen selbst gewählten Handlungen am meisten lernen, denn hierbei sind sie interessierter und wacher und infolgedessen am lernwilligsten. Die Themenecke sollte deshalb so gewählt sein, dass die Kinder das Material jederzeit mit in ihr Spiel einbeziehen können und auch die Eltern die Möglichkeit haben, Einblick in das Projekt zu bekommen.

Vorbemerkungen und Arbeitshinweise

Zu „Einführung in das Thema", S. 6:
Es ist sinnvoll, den Raum, in dem der Gesprächskreis stattfindet, in einer entspannten Atmosphäre zu gestalten. Räumen Sie dafür alle störenden oder thematisch ablenkenden Bilder und Dinge weg. Mit ein paar Gegenständen zum Thema Bauernhof wie zum Beispiel Stroh, Eier und ein Milchtopf ziehen Sie sicher das Interesse der Kinder schneller auf das Angebot.

Zu „Das gehört zu diesem Tier!", S. 9:
Bei diesem Spiel geht es darum, dass die Kinder die Attribute der einzelnen Bauernhoftiere verinnerlichen. Das bedeutet, sie können hier lernen, welches Tier was frisst und wo es sich am häufigsten aufhält. Die Assoziationskarten zeigen Begriffe, die die Kinder in der Regel sofort mit dem Tier verbinden. So denkt fast jedes Kind bei einem Pferd sofort an das Reiten oder bei der Kuh an die Milch.

Allgemeine Information zu den Bastelarbeiten im Bereich „Ästhetische Erziehung", ab S. 13:
Fotografieren Sie die Materialzusammenstellung und jeden einzelnen Arbeitsschritt. Kleben Sie die entwickelten Fotos mit der Auflistung der Materialien und der dazugehörigen schriftlichen Arbeitsanweisung auf DIN-A5-Karten, nummerieren Sie die Karten in der richtigen Reihenfolge und laminieren Sie diese. So erhalten Sie bebilderte Karten, die Ihre Kinder zum selbstständigen Arbeiten motivieren.
Lassen Sie Kinder niemals allein mit dem Cuttermesser arbeiten. Nach Möglichkeit sollten diese Schneidearbeiten die Erwachsenen erledigen.

Zu den Rezepten im Bereich „Gesundheit und Ernährung", ab S. 27:
Achtung: Bitte achten Sie bei allen Rezepten auf eventuelle **Lebensmittelunverträglichkeiten** der Kinder. Zu einigen Rezepten finden Sie auf der Seite 30 Bilder mit allen bei diesen Rezepten verwendeten Zutaten und Haushaltsgeräten sowie Pfeilen, mit deren Hilfe Sie die Rezepte bei Bedarf als großes Plakat gestalten können. Vergrößern Sie dazu die benötigten Zeichnungen auf dem Kopierer. Mit den vorhandenen Bildern können Sie auch Bildrezepte auf einem DIN-A4-Blatt erstellen, für jedes Kind kopieren und in einem Schnellhefter sammeln. So erhalten die Kinder eine eigene Bild-Rezepte-Mappe.
Bei den Rezepten sollte die Fachkraft den Kindern den richtigen Umgang mit dem Messer zeigen. Sie muss darauf achten, dass die Kinder das Messer in der stärkeren Hand (also der Arbeitshand) halten. Das Gemüse/Obst muss am anderen Ende gehalten werden, sodass das Messer einigen Abstand zu den Fingern hat. Beim Schälen gilt immer: vom Körper weg schälen.

Zu „Auf dem Hof von Bauer Hoppe", S. 41:
Hierbei handelt es sich um eine Trainingseinheit zur Wahrnehmung. Mit dem Bild können die Kinder einige Wahrnehmungsbereiche spielerisch trainieren. Deshalb ist es wichtig, dass die Kinder genau den Aufgaben folgen und versuchen, sie umzusetzen. So fördert Übung 1 beispielsweise die Feinmotorik, die Auge-Hand-Koordination und das Überkreuzen der Körpermitte. In Übung 2 sind der Pinzettengriff und das zielgerichtete Ordnen gefragt.

Zu den Bewegungsangeboten im Bereich „Körpererfahrung und Bewegung", ab S. 44:
Bei manchen Angeboten, wie zum Beispiel „Auf dem Bauernhof", ist es ratsam, mehrere Aktivitäten gleichzeitig durchzuführen, damit zwei oder drei Kinder parallel arbeiten können. Zu lange Wartezeiten führen oftmals zu einer Demotivation, sodass die Kinder schnell die Lust an solchen Angeboten verlieren.

Zum Angebot „Schlammbad", S. 51:
Dieses Angebot ist natürlich ein sehr schmutziges und erfordert hinterher viel Zeit beim Saubermachen, allerdings sammeln die Kinder hier Spürerfahrungen, zu denen sie sonst kaum Gelegenheit haben. Die matschige Erde auf der Haut sorgt für interessante taktile Reize. Jedoch ist Achtung geboten, denn in dem Matsch können sich kleine Steinchen oder andere spitze Materialien befinden. Die Fachkraft sollte darauf achten, dass sich die Kinder den Matsch nicht ins Gesicht und vor allem nicht in die Augen schmieren.

Einführung in das Thema (1) (ab 2 Jahren)

Material:
Geschichte von Benny (s. u.), Stroh, Kiste, Spielzeug-Bauernhoftiere (Kuh, Pferd, Schwein usw.), weiteres Material zum Thema „Bauernhof"

Vorbereitung:
Das Stroh wird in die Kiste gelegt. Die Geschichte wird kopiert und mit in die Kiste auf das Stroh gelegt. Die Spielzeug-Bauernhoftiere und das übrige Material zum Thema „Bauernhof" werden um die Kiste herum arrangiert. Dann wird der Sitz- oder Stuhlkreis vorbereitet. Dabei sollte eine einladende, störungsfreie Atmosphäre geschaffen werden.

Vorgehensweise:
Bitten Sie die Kinder, in den Sitz- oder Stuhlkreis zu kommen. Lassen Sie ihnen am besten Zeit, sich mit den Materialien auseinanderzusetzen und sich schon mal Fragen dazu zu stellen. Die Kinder werden beim Untersuchen auf die Geschichte stoßen, sodass Sie sie vorlesen können.
Nach der Geschichte können die Kinder von eigenen Erlebnissen auf Bauernhöfen erzählen oder Ideen und Äußerungen preisgeben. Versuchen Sie, das Interesse der Kinder zu wecken, denn das ist maßgeblich für den Projektaufbau.

Geschichte: Bennys Tag auf dem Bauernhof

„Ui", staunt Benny, als er aus dem Auto seiner Mutter steigt. „Hier riecht es aber komisch."
„Das ist die Landluft, mein Junge", erklärt ihm seine Mutter und lächelt ihn an. Benny darf heute nämlich mit seiner Freundin Leonie und seiner Mutter einen Bauernhof besuchen. Zurzeit interessieren Benny und Leonie Bauernhöfe sehr, deshalb hat seine Mutter bei Bauer Hoppe angerufen und gefragt, ob die Kinder einmal vorbeikommen und ihm bei der Arbeit zusehen dürfen.
Benny schaut sich neugierig um. Er sieht ein paar Ställe, aus denen Tiergeräusche wie Stampfen und Wiehern kommen.
Der Hof ist ziemlich schmutzig, aber das ist ja auch normal. Überall liegen Erdklumpen, Strohreste und andere Naturmaterialien auf dem Boden, die vom Trecker und von den Tieren stammen. Das weiß Benny aus den Büchern, die er gelesen hat.
Da kommt Bauer Hoppe und begrüßt Bennys Mutter und die beiden Kinder freundlich: „Hallo, da seid ihr ja."
„Hallo, ich bin Benny", sagt Benny, „und das ist meine Freundin Leonie. Wir wollen heute die Tiere sehen."
Der Bauer lächelt. „Ja natürlich, das machen wir auch gleich." Er schaut an den Kindern hinunter. „Habt ihr denn auch Buddelsachen und Gummistiefel dabei? Ihr werdet sicherlich gleich ziemlich schmutzig werden."
„Ja, haben wir. Meine Mama hat uns etwas eingepackt", antwortet Benny stolz. Rasch holt seine Mutter die Buddelsachen aus dem Auto und Benny und Leonie schlüpfen hinein.
„Prima, dann kann es ja losgehen." Der Bauer klatscht in die Hände.

Er zeigt den Kindern zuerst die Kühe, die noch im Stall sind. „Gleich treiben wir sie hinaus auf die Weide, da könnt ihr mir gern bei helfen."
„Ja!", jubeln die Kinder und beäugen neugierig die Tiere.
„Ist das da der Sack, wo die Milch heraus kommt?", fragt Benny und deutet auf den Euter einer Kuh.
Bauer Hoppe lacht. „Ja, das ist der Euter. Bevor die Kühe gleich auf die Weide gehen, werden sie noch gemolken. Da dürft ihr auch gern zusehen."

Einführung in das Thema (2) (ab 2 Jahren)

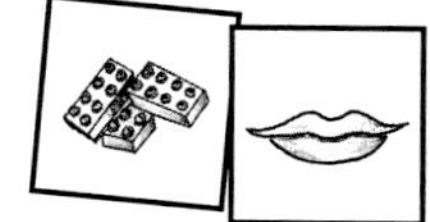

Begeistert schauen sich Benny und Leonie an. Dann geht es weiter zu den Pferden, Schweinen, Hühnern, Kaninchen und den Katzenbabys. Der Bauer zeigt den Kindern alles.

Plötzlich kommt ein Hund angerannt. „Ah, da kommt Cora", sagt der Bauer. „Hab mich schon gefragt, wo sie bleibt." Als der Hund die Kinder beschnuppert, streicheln sie ihm über den Rücken.

„Hallo, Cora", begrüßt Benny den Hund.

„Das ist unser Wachhund", erklärt der Bauer. „Sie sorgt dafür, dass die Tiere immer auf dem Hof bleiben und hier niemand hinkommt, der den Tieren etwas Böses will. Eigentlich haben wir noch einen Hund namens Amos, aber der ist gerade beim Tierarzt."

„Oh, warum?", fragt Leonie.

„Er wird heute geimpft. Das ist wichtig, damit er sich keine Krankheiten einfängt."

„Oh, Tiere kriegen auch Spritzen?", wundert sich Benny.

„Aber ja doch. Alle Tiere hier auf dem Hof werden geimpft und regelmäßig vom Tierarzt untersucht."

„Wow", staunt Benny.

Dann ist es Zeit, die Kühe zu melken. Viele lange Schläuche mit Klammern werden an den Euterzitzen festgemacht.

„Au, tut das nicht weh?", fragt Benny.

„Nein, denen tut das nicht weh", lächelt der Bauer und stellt die Maschine an. Sofort fängt diese an, Geräusche zu machen, und pumpt die Milch aus dem Euter. Benny sieht, wie sich der Tank mit der weißen Flüssigkeit füllt.

Zwischendurch holt der Bauer zwei Gläser und füllt sie mit der frisch gemolkenen Milch.

„Hier, kostet doch mal. Frische Milch von Paula."

Benny und Leonie trinken und sind ganz überrascht. „Die schmeckt ja ganz anders, als die aus dem Supermarkt."

„Das stimmt. Die Milch aus dem Supermarkt enthält deutlich weniger Rahm und Fett", erklärt der Bauer grinsend.

Nach dem Melken werden die Kühe auf die Weide getrieben. Benny und Leonie bekommen ein bisschen Angst, als die vielen großen Tiere plötzlich alle aus dem Stall laufen. Da bleiben sie doch lieber bei Bennys Mutter.

Dann müssen die Schweine gefüttert werden.

Leonie schnuppert. „Hm ... die stinken jetzt aber nicht so schlimm, wie ich dachte."

Der Bauer lacht. „Na ja, eigentlich sind es ja nicht die Schweine selbst, die so stinken, sondern eher der Mist, den sie verursachen, und natürlich der Schlamm, in dem sie sich gern suhlen."

„Ach", entfährt es Mama. „Das wusste ich auch noch nicht. Da hab ich wieder was Neues gelernt."

Auf den Pferden dürfen Benny und Leonie einmal reiten und natürlich auch mit dem Trecker mitfahren. Die Hühner und Kaninchen dürfen sie sogar selbst füttern und streicheln.

Die Kinder stellen viele Fragen, die der Bauer gern beantwortet und es gibt so viel zu entdecken, dass der Abend schneller kommt, als es den Kindern lieb ist.

„Och Mann", seufzt Benny, als er ins Auto steigen muss. „Es war so schön hier."

„Dann kommt doch einfach noch mal wieder", schlägt Bauer Hoppe vor. Da freuen sich Benny und Leonie sehr und fahren dann müde und erschöpft mit Bennys Mutter heim.

Es war doch ziemlich aufregend auf dem Bauernhof.

Tier-Geräusche-Lotto selbst herstellen (ab 5 Jahren)

Material:
Aufnahmegerät, Digitalkamera, Computer, Laminierfolie und -gerät, Fotokarton, leere bespielbare CD

Vorgehensweise:
Im Rahmen des Ausfluges zum Bauernhof werden von jedem Tier die Tiergeräusche mit dem Aufnahmegerät aufgenommen. Es ist auf jeden Fall sinnvoll, die Kinder mitzunehmen und sie dabei sein zu lassen, denn dann prägt sich der Zusammenhang zwischen Lautäußerung und Tier besser in das Gedächtnis der Kinder ein.
Fotografieren Sie die aufgenommenen Tiere direkt.
Im Kindergarten werden die Fotos später am Computer einmal in der Größe 5 x 5 cm und zweimal in 3 x 4 cm ausgedruckt. Die Fotos der Größe 5 x 5 cm werden für die Lottokarten einzeln einlaminiert.
Für die Lottotafeln klebt man die Bilder der Größe 3 x 4 cm alle auf einen großen Karton und laminiert diesen ebenfalls ein. Die Größe der Lottotafeln hängt von den gemachten Fotos ab, denn jedes Foto darf nur einmal auf den Tafeln sein und es sollten für mind. zwei Spieler Tafeln vorhanden sein.
Die aufgenommenen Tiergeräusche werden am Computer auf CD gebrannt.

Hinweis:
Es gibt Holztiere, mit denen man die typischen Tiergeräusche erzeugen kann. Die könnte man alternativ benutzen, wenn man den Bauernhofbesuch zu einem späteren Zeitpunkt machen möchte. In der Regel kann man diese Klangtiere im Spielwarengeschäft oder im Internet ordern.

Tier-Geräusche-Lotto spielen (ab 4 Jahren, ab 2 Spielern)

Material:
vorbereitete Lottokarten und Tafeln (s. o.), CD-Player, CD mit den aufgenommenen Tiergeräuschen (s. o.)

Spielregeln:
Jeder Spieler erhält eine Lottotafel. Die Lottokarten werden mit der Bildseite nach oben auf den Tisch gelegt. Die CD wird in den CD-Player eingelegt und gestartet. Der jüngste Spieler beginnt. Der Spieler hört das erste Geräusch, nimmt die dazugehörige Karte vom Tisch und legt sie auf das dazugehörige Bild der Lottotafel. Dann ist der zweite Spieler an der Reihe, hört das zweite Geräusch, nimmt die entsprechende Karte und legt sie auf die Lottotafel.
Nimmt ein Spieler die falsche Karte, so kann man das Geräusch wiederholen und die Mitspieler können helfen.
Gewonnen hat der, der alle Karten auf seiner Tafel hat.

Hinweis:
Das Lotto kann auch ohne die Geräusche gespielt werden. Dafür lässt man einfach die CD weg und spielt nur mit den Tafeln und den Karten. In diesem Fall erhält jedes Kind wieder eine Bildtafel und die Spielkarten werden umgedreht. Der jüngste Spieler beginnt und deckt eine Karte auf. Passt die Karte zu seiner Tafel, so darf er sie auf das entsprechende Bild legen. Passt die Karte nicht, meldet sich das Kind, zu dessen Tafel die Karte passt. Gewonnen hat der, der zuerst alle Karten auf seiner Tafel hat.

BVK • Cornelia Emde: Kita aktiv „Projektmappe Bauernhof“

Das gehört zu diesem Tier! (ab 4 Jahren, 2–4 Spieler)

Material:
Kopiervorlage „Spielkarten“ (s. S. 10, ggf. hochkopieren), Pappe, Schere, Klebstoff, Stifte

Vorbereitung:
Die Spielkarten werden auf die Pappe geklebt und ausgemalt. Das können auch die Kinder machen. Anschließend werden die Quadrate ausgeschnitten.

Vorgehensweise:
Zunächst können die Kinder mit dem Zuordnen beginnen. Das bedeutet, sie wählen eine Tierkarte aus, zum Beispiel das Pferd, und suchen sich dann eine Futterkarte, eine Aufenthaltskarte und eine Assoziationskarte aus, die zum Pferd gehören. Demnach müssten sie die Weide, das Heu und das reitende Kind auswählen. Dabei sollte das Kind die Begriffe auf dem Bild benennen, damit der Wortschatz sich erweitern kann. Bei den Älteren kann man ein Quartettspiel daraus machen. Dafür werden alle Karten gemischt und an die Mitspieler verteilt. Sie nehmen ihre Karten auf die Hand, sodass die anderen Spielteilnehmer nicht sehen können, welche Karten sie haben. Nun zieht der jüngste Spieler eine Karte von seinem Gegenüber und steckt sie zu einer passenden Karte in seinen Kartensatz. Dann ist der andere Spieler an der Reihe. Auf diese Weise sammeln die Spieler ihre Quartette. Hat ein Spieler ein Quartett zusammen, so nimmt er es aus dem Spiel, das heißt, er legt es vor sich auf den Tisch. Am Ende hat der Spieler gewonnen, der die meisten Quartette besitzt. Spielen mehr als zwei Kinder, so gewinnt dasjenige, welches als Erstes ein Quartett zusammen bekommen hat. Auch hierbei gilt, dass die Kinder das komplette Quartett benennen. (Beispiel: „Ich habe das Pferd und das frisst gern Heu. Es ist die meiste Zeit auf der Koppel und man kann auf ihm reiten.“)

Tiergeräusche üben (ab 2 Jahren)

Material:
Spielzeugtiere: Schwein, Katze, Hund, Hahn, Kuh, Pferd (je Kind ein Tier)

Vorbereitung:
Wählen Sie einen geräuscharmen Raum aus. Schaffen Sie einen Sitzkreis und platzieren Sie die Tiere in der Mitte.

Vorgehensweise:
Ein Kind darf beginnen und sich ein Tier aus der Mitte nehmen.
Nun sagt das Kind, wie das Tier heißt, und es überlegt, welchen Laut das Tier von sich gibt. (Bsp.: Der Hund bellt und das hört sich so an: wau, wau!) Natürlich dürfen hierbei auch alle anderen ihre Ideen äußern. Alle Kinder können den Laut wiederholen und üben, bis sie ihn können. Dann ist das nächste Kind an der Reihe und nimmt sich das nächste Tier aus der Mitte.
So wird reihum verfahren, bis jedes Kind ein Tier hat und alle die Geräusche einmal geübt haben. Anschließend werden die Tiere wieder in die Mitte zurückgelegt und jedes Kind sucht sich ein neues Tier aus.
Bei den älteren Kindern kann man daraus ein Ratespiel entwickeln. Dazu schließt ein Kind die Augen und ein anderes nimmt sich ein Tier und ahmt es nach. Nun errät das Kind mit den geschlossenen Augen, um welches Tier es sich handelt.

BVK • Cornelia Emde: Kita aktiv „Projektmappe Bauernhof“

Kopiervorlage „Spielkarten“

Der Getreidehalmtanz (ab 2 Jahren)

Material:

klassische Musik wie etwa „Air“ (Suite Nr. 3, D-Dur) von Johann Sebastian Bach oder „Mondscheinsonate“ (Klaviersonate Nr. 14, op. 27 Nr. 2) von Ludwig van Beethoven, für jedes Kind ein hellbraunes T-Shirt und 2 braune Chiffontücher, die Getreidehalmkrone, CD-Player

Vorbereitung:

Das Angebot „Getreidehalmkrone basteln“ (s. S. 20) sollte zuvor durchgeführt werden. Wählen Sie eine ruhige klassische Musik mit einem langsamen Anfang und Ende.

Vorgehensweise:

Zunächst ziehen die Kinder die T-Shirts und die Kronen an und bewegen sich frei zur Musik im Raum umher, um ein Gefühl für den Rhythmus zu bekommen. Hier sollte die Fachkraft auf jeden Fall mittanzen und ihrer Kreativität freien Lauf lassen, denn oftmals scheuen sich die Kinder, einfach nur zu tanzen und sich zur Musik zu bewegen. Wenn die Fachkraft jedoch mitmacht, werden viele Kinder mutiger und beginnen, auch zu tanzen. Manchmal hilft auch schon die Verkleidung, die vorhandene Scheu abzulegen.
Im nächsten Schritt kann man die Kinder bitten, sich entweder allein oder in einem Team Choreografien zu überlegen und vorzuführen. Eine weitere Möglichkeit ist, gemeinsam einen Tanz einzustudieren, den man zum Beispiel beim Erntedankfest aufführt.
Wählt man nun einen synchronen Tanz, bei dem die Kinder nach einer zuvor abgesprochenen Choreografie tanzen, können Sie das folgende Choreografiebeispiel wählen. Allerdings sollten Sie den Kindern bei jeder Choreografie viel Spielraum zur Improvisation lassen.

Choreografie-Beispiel:

Schritt 1: Beginnen Sie damit, dass die Kinder in geduckter Haltung auf dem Boden verharren. Jedes Kind hält zwei zusammengedrückte braune Chiffontücher in den Händen. Die Getreidekronen liegen noch vor den Kindern auf dem Boden. Wenn die Musik anfängt zu spielen, erheben sich die Kinder langsam und strecken ihre Arme über den Kopf. Wenn die Arme oben sind, öffnen sie ihre Hand und lassen die Tücher hervorquellen. Je nachdem, wie gut ihnen das Öffnen der Hand über Kopf gelingt, können sie es auch vor der Brust machen.

Schritt 2: Sobald die Tücher aufgegangen sind, nehmen die Kinder die Tücher in die Hände und setzen sich die Kronen auf. Die Musik sollte nun ein bisschen schneller spielen. Die Kinder gehen hintereinander im Kreis und wedeln mit den Armen hin und her. Dabei schwenken sie die Tücher mit.

Schritt 3: Anschließend stellen sich die Kinder nebeneinander auf und wiegen sich gleichmäßig hin und her, als ob sich die Getreidehalme im Wind hin und her wiegen. Die Arme sind ausgestreckt und mit den Fingern halten die Kinder die Chiffontücher an einem Zipfel, sodass sie herunterhängen. Durch die Schaukelbewegungen schwingen die Tücher ebenfalls hin und her.

Schritt 4: Nun sollte die Musik wieder langsamer werden und die Kinder kreuzen ihre Arme vor der Brust und lassen sich wieder auf den Boden sinken.

Hinweis:

Beziehen Sie die Kinder in die Choreografiegestaltung mit ein, da sie sich selbst erdachte Übungen wesentlich besser merken und umsetzen können. Wenn die Kinder dazu in der Lage sind, können sie auch eigene Tanzmuster entwickeln und sich gegenseitig beibringen.

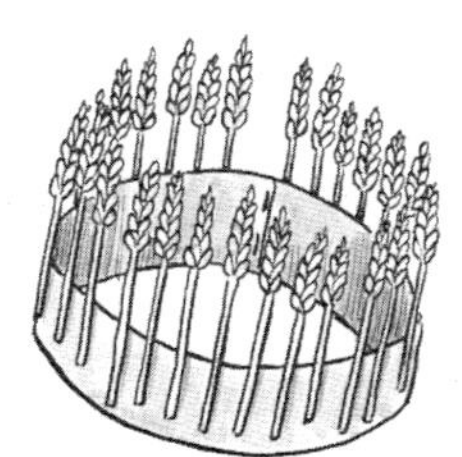

Das Bauernhoflied (ab 2 Jahren)

(dem „Buslied“ nachempfunden, Melodie traditionell)

1. Die Katze auf dem Baum, die macht miau,
miau, miau, miau, miau, miau, miau, miau, miau.
Die Katze auf dem Baum, die macht miau,
miau, miau,
heut den ganzen Tag.

2. Der Hund auf dem Hof, der bellt wau, wau,
wau, wau, wau, wau, wau, wau, wau.
Der Hund auf dem Hof, der bellt wau, wau, wau,
heut den ganzen Tag.

3. Die Kuh in dem Stall, die macht muh, muh,
muh, muh, muh, muh, muh, muh, muh.
Die Kuh in dem Stall, die macht muh, muh, muh,
heut den ganzen Tag.

4. Das Pferd auf der Weide wiehert hü, hü, hü,
hü, hü, hü, hü, hü, hü.
Das Pferd auf der Weide wiehert, hü, hü, hü,
heut den ganzen Tag.

5. Die Hühner gackern fröhlich pock, pock, pock,
pock, pock, pock, pock, pock, pock.
Die Hühner gackern fröhlich pock, pock, pock,
heut den ganzen Tag.

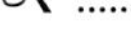

Fingerspiel: „Alle unsere Fingerlein“ (ab 2 Jahren)

Alle meine Fingerlein wollen heute Tiere sein.	*mit allen Fingern wackeln*
Däumchen ist der große Hund, hütet bellend Hof und Grund.	*mit dem Daumen wackeln und nach Satzende bellen*
Zeigefinger ist ein Schwein, quiekt und grunzt sehr fein.	*den Zeigefinger krümmen und dabei grunzen.*
Der Mittelfinger ist ’ne Kuh, immer wieder macht er „muh“.	*mit dem Mittelfinger wackeln und dann laut muhen*
Der Ringfinger ein Pferd sein will, grast meist auf der Weide still.	*mit dem Ringfinger wackeln, flache Hand ausstrecken und mit der anderen Hand Schnappbewegungen machen, wie um Gras zu fressen*
Und das kleine Fingerlein, soll unser stolzer Hahn sein.	*mit dem kleinen Finger wackeln, nach dem Satzteil laut Kikeriki rufen*
Abends gehen die Tierlein klein wieder in den Stall hinein, legen sich dort schnell zur Ruh, schließen beide Augen zu.	*mit Zeige- und Mittelfinger Gehbewegungen machen, dabei den anderen Arm vor der Brust Hände ans Gesicht legen und die Augen schließen beugen, sodass die Finger darauf laufen*

Tiermasken basteln (ab 2 Jahren)

Material:
je Kind 1 Pappteller, Stifte, Schere, Fingerfarben, Tonpapier, Kleber, evtl. weiteres Bastelmaterial (Watte, Fäden, Restepapier …), Nadel, Gummiband

Vorgehensweise:
Zunächst überlegt sich jedes Kind, welches Tier es gern sein möchte.
Dann bekommt jedes Kind einen Pappteller, malt zwei Augen auf und schneidet sie aus. Bei den Jüngeren sollte das die Fachkraft übernehmen.
Nun gestalten die Kinder den Pappteller so, wie ihr jeweiliges Tier aussieht. Die Jüngeren können den Teller mit Fingerfarben bemalen und die Älteren arbeiten mit dem Tonpapier. Dazu kleben sie das Tonpapier auf den Teller und schneiden die Ränder ab. Für eine Schweine-Maske verwenden die Kinder rosa Tonpapier oder Fingerfarbe, eine Kuh-Maske können sie mit braunen oder schwarzen Flecken bemalen. Dann gestalten sie die Maske weiter aus.
Versuchen Sie hierbei, den kreativen Wünschen der Kinder nachzukommen. Das heißt, wenn ein Kind ein Schaf sein will und es ein flauschiges Gesicht haben möchte, könnten Sie Watte bereitstellen.
Sind die Masken fertig und getrocknet, sticht man links und rechts mit einer Nadel je zwei kleine Löcher in den Pappteller und zieht das Gummiband hindurch. Das Band sollte so lang sein, dass es um den Kopf des Kindes passt.
Alternativ kann man anstelle der Pappteller auch Tonkarton verwenden, um die Masken herzustellen.

Tierlampions (ab 3 Jahren)

Material:
Transparentpapier (in Weiß, Rosa, Hellbraun, Braun und Grau), je Kind eine 0,33 l PET-Flasche, Kleister, Kopiervorlage „Tiergesichter“ (s. S. 14), Tonkarton (in Weiß, Rosa, Hellbraun, Grau, Braun), Stifte / schwarzer Filzstift, Schere, Prickelnadeln, Prickelmatten, pro Tier 2 Waackelaugen, eine Lichterkette, Knete, Tischdecken

Vorbereitung:
Die Flaschen ausspülen und die Kopiervorlage vervielfältigen. Den Kleister nach Packungsanleitung anrühren. Arbeitsbereich mit Tischdecken auslegen.

Vorgehensweise:
Jedes Kind sucht sich aus, welches Tier es basteln möchte. Es nimmt sich das entsprechende, farblich passende Transparentpapier und zerreißt es in kleine Stücke. Die Papierschnipsel werden mit dem Kleister auf die Flasche geklebt, die den Tierkörper darstellen soll.
Während die Flasche trocknet (auf der Heizung geht es am schnellsten), wird die Kopiervorlage „Tiergesichter“ auf passenden Tonkarton übertragen und ausgeschnitten. Die Jüngeren können prickeln. Danach zieht man mit einem schwarzen Stift die Konturen des Mauls und der Nase nach. Auf die Gesichter werden jeweils zwei Wackelaugen geklebt.
Ist der Kleister getrocknet, können die Kinder den Kopf ihres Tieres oben an den Flaschenhals kleben. Auf diese Weise entstehen verschiedene Tiere.
Nun werden die Tierlampions auf die LED-Lichter einer Lichterkette gesteckt. Mit der Knete dichtet man den Rand ab. So kann die Lichterkette die Bauernhofecke verzieren.

Kopiervorlage „Tiergesichter“

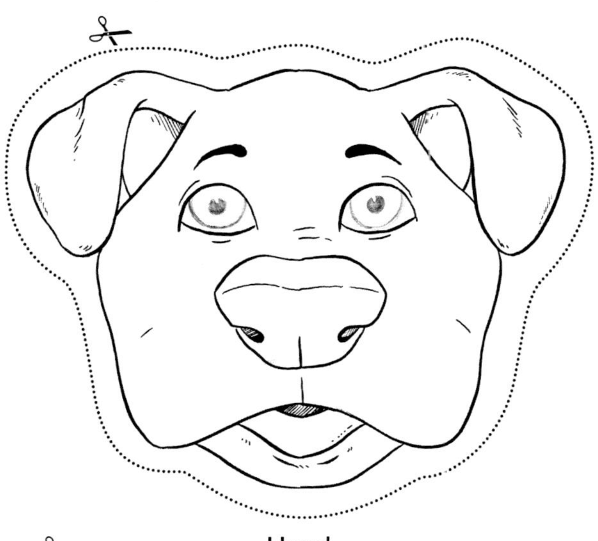

Hund

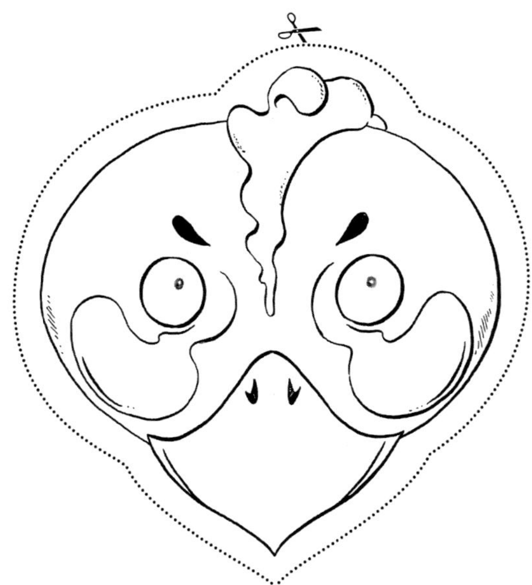

Hahn

Kuh

Schwein

Esel

Schaf

evtl. hochkopieren

Pappbilderbuch basteln (ab 4 Jahren)

Material:

mind. 5 Bögen weißer Fotokarton in DIN A3 oder weiße, faltbare Pappe, Fingerfarbe (in Grün, Braun, Blau), Buntstifte, Ausmalbild „Tierfamilien“ (s. S. 16), Kleber, Schere, durchsichtige Klebefolie, Tacker, Heißkleber, ggf. Bauernhofbild aus einer Zeitschrift oder ein Foto, Materialien wie etwa Äste usw.

Vorbereitung:

Falls man das Angebot nur mit den Kleinen durchführt, sollte man die Tierfamilien vorher schon ausschneiden. Die Fotokartonbögen alle so falten, dass man DIN-A4-Seiten erhält.

Vorgehensweise:

Sprechen Sie mit den Kindern kurz über die Tierfamilien. Erfragen Sie die Tierart und welche Geräusche die Tiere von sich geben. Hierbei sollten die Kinder die Laute nachahmen und auch benennen, wo man die Tiere am häufigsten antrifft (Kühe muhen und sind gern auf der Weide, Schweine grunzen und baden gern im Schlamm, Hunde und Katzen schlafen am liebsten in ihren Körben usw.).
Dann sucht sich jedes Kind eine Tierfamilie aus, die es ausmalen möchte, und erhält den jeweiligen Buntstift. Hierbei ist wichtig, dass die Tiere in ihrer realistischen Farbe ausgemalt werden. Danach werden sie ausgeschnitten. Die Tierfamilien werden auf die Seite gelegt.
Als Nächstes werden die Bildhintergründe mit der Fingerfarbe auf die Fotokartonbögen gemalt. Dazu muss sich jedes Kind erinnern, wo sich seine Tierfamilie gern aufhält. Die Kinder, deren Tiere gern auf der Weide sind (Pferde und Kühe), malen einen grünen Hintergrund. Die Schweine erhalten einen braunen Hintergrund. Eventuell sollte man die Weide mit einem Stift eingrenzen, sodass man noch einen Himmel oder Zäune dazu malen kann. Körbe für Katzen und Hunde sollten sie vorzeichnen, sodass die Kinder sie ausmalen können. Hierbei ist der Hintergrund individuell gestaltbar. Die Tierfamilien werden auf die getrockneten Hintergründe geklebt.
Den Einband des Pappbilderbuches kann man gemeinsam mit den Kindern gestalten. Entweder wird ein großer Bauernhof darauf gemalt oder ein Bauernhofbild aufgeklebt. Wenn die Bilder fertig sind, tackert die Fachkraft die Seiten in der Mitte zusammen. Falls man nur einen Hefttacker besitzt, kann man die Seiten auch mit Heißkleber zusammenkleben, allerdings ist die Haltbarkeit des Buches dann beschränkt. Danach wird jede Seite mit der durchsichtigen Klebefolie überklebt. So wird das Buch stabiler und die Tackerklammern werden verdeckt. Alternativ kann man sie auch zuvor mit Heißkleber zukleben, um einer Verletzungsgefahr vorzubeugen.

Hinweis:

Alternativ kann anstatt des Bilderbuches auch ein Leporello gestaltet werden. Dazu werden die Fotokartonbögen wieder auf DIN A4 gefaltet. Doch anstatt sie übereinander zu kleben, werden sie nebeneinander geklebt. Das Leporello hat den Vorteil, dass es ganz ohne Heftklammern auskommt, es benötigt beim Ansehen allerdings mehr Platz.

Ausmalbild „Tierfamilien“

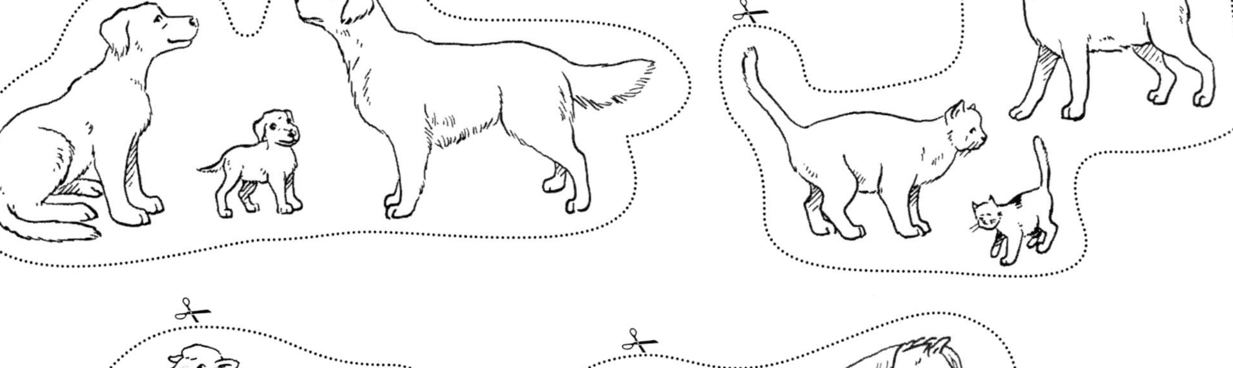

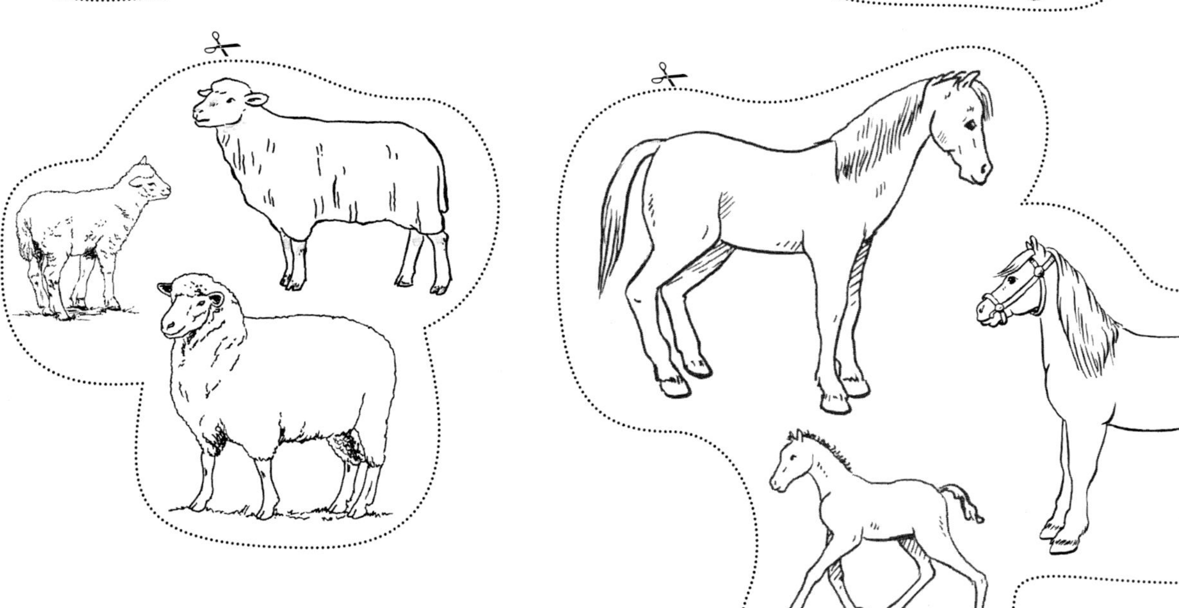

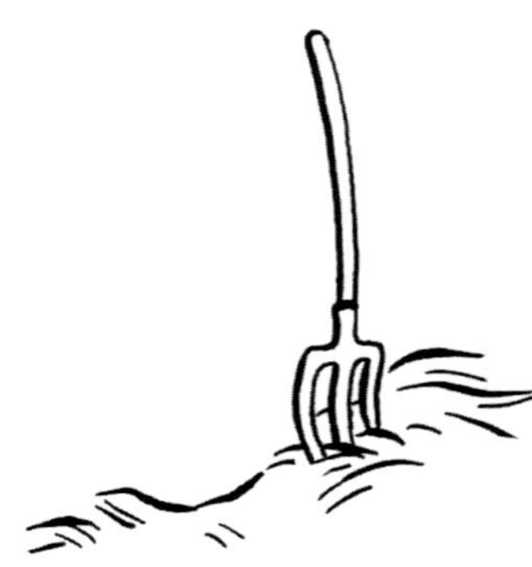

Großes Bauernhof-Spielebild (ab 3 Jahren)

Material:
Tischdecken, 1 Umzugskarton, einige Bögen weißes Papier, Klebstoff, Schere, Prickelnadel und Prickelmatte,1 Schuhkarton ohne Deckel, 3 kleinere Kisten, dunkelbraune, hellbraune und graue Fingerfarbe, schwarzer Filzstift, ggf. Stöcke / Äste, Heißkleber, Bleistift, Kunstrasen oder viel grünes Krepppapier, Erde, Kleister, Stroh, Spielzeugzäune, Spielzeug-Bauernhoftiere, weitere Bauernhofelemente (Futtertröge, Büsche, Bäume usw.)

Vorbereitung:
Decken Sie den Arbeitsplatz mit Tischdecken ab.

Vorgehensweise:
Der Umzugskarton wird auseinandergenommen und mit weißem Papier beklebt, sodass ein Spielboden entsteht. Der Schuhkarton und die kleinen Kisten (Ställe) werden auch mit Papier beklebt und mit brauner Fingerfarbe angemalt. Wer kann, darf Holzlatten mit schwarzem Filzstift aufmalen. Authentisch wird es, wenn die Außenwände mit echten Stöcken / Ästen beklebt werden.
Nun wird der Spielboden in verschiedene Bereiche unterteilt. Zuerst werden Wege mit dem Bleistift eingezeichnet. Sie werden mit grauer Fingerfarbe bemalt. Der Bereich, der die Weide darstellt, kann mit Kunstrasen oder grünem Krepppapier beklebt werden. Im nächsten Bereich wird Erde als Suhle für Schweine aufgetragen. Dazu werden Erde und Kleister vermischt, sodass eine weiche, aber nicht flüssige Konsistenz entsteht. Durch den Kleister wird die Erde fest und wirkt matschig. Die Bereiche, auf denen die Ställe stehen werden, werden hellbraun angemalt. Anschließend wird Stroh in und vor den Ställen verteilt. Wenn alles getrocknet ist, können Spielelemente wie Ställe, Zäune, Tiere und die Bauernhofelemente auf den entsprechenden Flächen platziert werden.

Tierspuren (ab 4 Jahren)

 Male die Tierspur weiter.

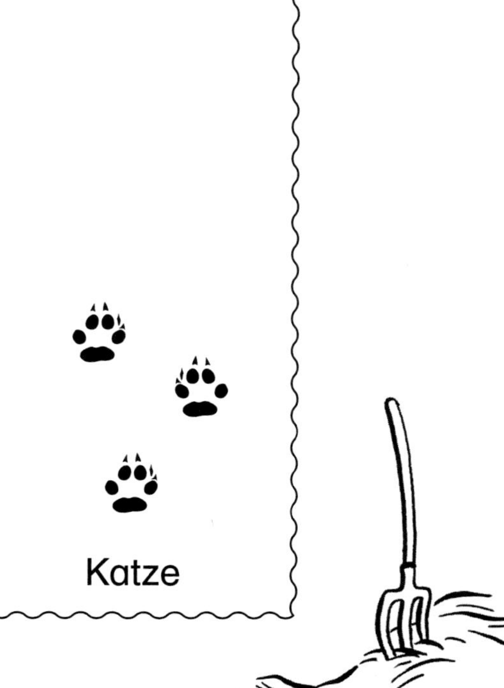

Papiertüten falten für den Bauernhofladen (ab 2 Jahren)

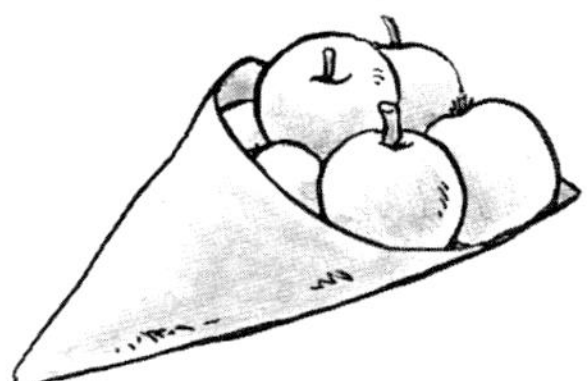

Material:
Kopiervorlage „Packpapiertüte“ (s. S. 19), Packpapier, Bleistift/Filzstift, Scheren, Klebstoff, Klebeband

Vorbereitung:
Vergrößern Sie die Kopiervorlage auf DIN A3.

Vorgehensweise:
Die Vorlage wird auf das Packpapier übertragen und an den äußeren Linien ausgeschnitten.
Die gestrichelten Linien werden geknickt. Die schraffierte Fläche wird mit Klebstoff bestrichen.
Anschließend wird die Tüte zusammengeklebt.
Um die Tüte zu verstärken, kann man den Boden und die Klebenähte mit Klebeband überkleben.
Die Papiertüten werden beim Verkauf im Hofladen verwendet.

Verkaufsutensilien für den Bauernhofladen (ab 2 Jahren)

Material:
Kopiervorlagen „Etiketten“ (s. S. 19), Schere, Buntstifte, leere, saubere Marmeladengläser oder Breigläser, gemusterte Stoffquadrate (ca. 10 x 10 cm), Schleifenband

Vorbereitung:
Vervielfältigen Sie die Kopiervorlagen.

Vorgehensweise:
Jedes Kind sucht sich Etiketten aus, die es bemalen möchte. Dies ist eine gute Gelegenheit, die vergangenen Angebote ins Gedächtnis zurückzurufen und noch einmal auf die Herstellungsweise des Produktes einzugehen, für das das Kind die Etiketten malt. Achten Sie bitte darauf, dass die Kinder die Lebensmittel auf den Etiketten realitätsgetreu ausmalen. Danach werden die Etiketten entlang der Linie ausgeschnitten und auf die Gläser, Butterpäckchen und Brotservietten geklebt oder geheftet.
Zuerst muss die Marmelade gekocht werden (s. S. 27). Die Marmeladengläser heiß auswaschen. Die noch heiße Marmelade in die sauberen Gläser gießen und abkühlen lassen. Die Stoffquadrate ausschneiden, oben auf den Deckel legen und ein Stück Schleifenband um den Deckel legen. Das Schleifenband fest am Verschluss verknoten. Zum Schluss kommt ein Etikett auf das Glas, auf dem die Geschmacksrichtung und das Herstelldatum vermerkt sind.

Dieses Angebot ist ergänzend zu den Angeboten im Bereich Ernährung (s. S. 27 – 30) und zum Bauernhofmarkt (s. S. 36) gedacht.

Kopiervorlagen „Packpapiertüte“ / „Etiketten“

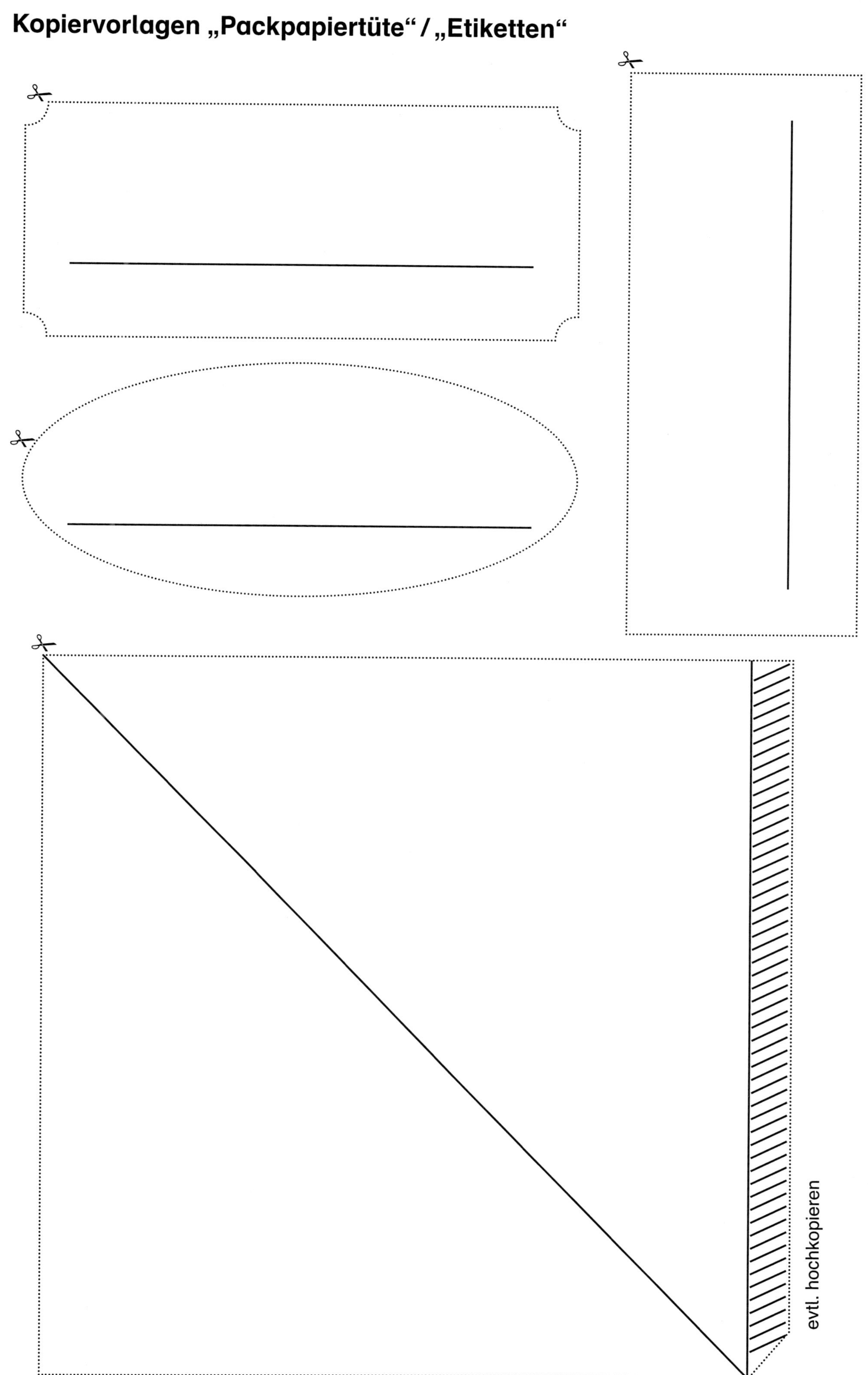

Banner für den Bauernhofmarkt (ab 5 Jahren)

Material:
Wachstuchdecken o. Ä., kräftige Fingerfarbe in verschiedenen Farben, ausgewaschene Joghurtbecher o. Ä., 3 alte, weiße Bettlaken, 1 hellgrauer Filzstift, für jedes Kind einen Malkittel

Vorbereitung:
Vorzugsweise findet diese Aktion auf dem Boden statt, damit mehrere Kinder gleichzeitig malen können. Den gesamten Arbeitsbereich mit Wachstuchdecken auslegen. Die Fingerfarbe auf verschiedene Becher verteilen.
Die Bettlaken werden auf dem Boden ausgebreitet. Dann mit hellgrauem Filzstift die Buchstaben „Obst" auf das erste Bettlaken, „Gemüse" und „ländliche Delikatessen" auf die anderen zwei Bettlaken schreiben. Die Buchstaben sollten so vorgeschrieben werden, dass die Kinder sie ausmalen können.

Vorgehensweise:
Zunächst ziehen sich die Kinder Malkittel an und wählen eines der Banner, das sie bemalen möchten. Die Buchstaben werden bunt ausgemalt. Je nach Fähigkeiten malen die Kinder die entsprechenden Lebensmittel auf die Banner. Danach muss alles gut trocknen.

Getreidehalmkrone basteln (ab 2 Jahren)

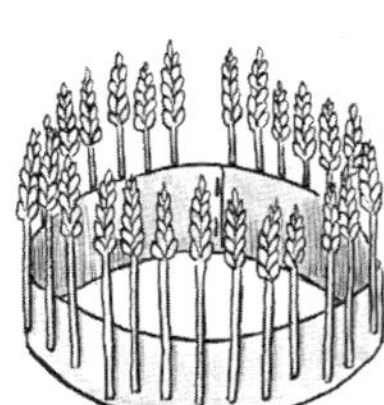

Material:
dicke Pappstreifen (etwa 3 cm breit), Bleistift, Schere, Klebstoff, viele Getreidehalme, ggf. Tacker

Vorbereitung:
Kürzen Sie alle Halme auf eine Gesamtlänge von etwa 15 cm. Sie brechen sonst aufgrund der Schwere der Ähren schnell ab.

Vorgehensweise:
Zuerst muss die Länge der Pappstreifen ermittelt werden. Dazu legt man einen Pappstreifen um den Kopf eines Kindes und markiert ihn dort, wo die Pappe sich trifft und ein bisschen überlappt. An der Markierung wird der Streifen durchgeschnitten.
Nun bestreicht das Kind den Pappstreifen mit Klebstoff und klebt die Getreidehalme darauf. Die Halme sollten so aufgeklebt werden, dass die Ähren nach oben abstehen. An einem Ende ein bisschen Platz lassen. Hier wird der Pappstreifen übereinandergelegt und festgetackert. Fertig ist die Getreidehalmkrone.

BVK • Cornelia Emde: Kita aktiv „Projektmappe Bauernhof"

Tierplakate (ab 4 Jahren)

Material:
7 große weiße Bögen Papier (DIN A3), Tonpapier in Weiß, Rosa, Hellbraun, Grau, Scheren, Klebstoff, Stifte, Lebensmittelprospekte, Landwirtschaftskataloge, Ausmalbild „Tierfamilien“ (s. S. 16)

Vorbereitung:
Das Ausmalbild „Tierfamilien“ kopieren und daraus Schablonen anfertigen. Sieben Arbeitstische (an jedem Tisch wird ein Tier bearbeitet) vorbereiten und sie mit Scheren, Klebstoff, Katalogen und dem entsprechenden farbigen Tonpapier ausstatten. Demnach kommt zum Beispiel das rosafarbene Papier auf den Tisch, an dem das Schwein bearbeitet wird.

Vorgehensweise:
Die Kinder arbeiten in sieben Kleingruppen an den Plakaten. Jede Gruppe wählt ein Tier, sodass alle sieben Bauernhoftiere an die sieben Gruppen verteilt werden.
Zunächst überträgt ein Kind ein Tier (oder mehrere) der ausgewählten Tierart auf das entsprechende farbige Tonpapier und schneidet es aus. Danach malt es das Tiergesicht noch einmal von Hand auf Papier und klebt das Tier / die Tiere mittig auf den weißen Papierbogen.
Währenddessen überlegen die anderen Kinder der Gruppe, was zu dem Tier gehört bzw. was typisch für das Tier ist. Es geht darum, die typischen Merkmale eines jeden Tieres auf dem Plakat festzuhalten. So gehören zum Beispiel zur Kuh die Bilder: Milch, Stall, Stroh, Weide und Heu. Diese Begriffe suchen die Kinder in den Prospekten und Katalogen und schneiden sie aus. Die Bilder kleben sie auf das Plakat. Gibt es in den Katalogen keine passenden Bilder, so können die Kinder die Dinge auch aufmalen. Die Fachkraft sollte darauf achten, dass die Bilder entsprechend strukturiert aufgeklebt werden und kein Durcheinander entsteht. Das heißt, dass alles, was zum Futter gehört, in eine Ecke des Bildes und alles, was zum Lebensort des Tieres gehört, in eine andere Ecke geklebt wird. Man kann vorher mit den Kindern eine bestimmte Anzahl an Bildern festlegen (3 – 4), die das Tier charakterisieren.
Wenn die Kinder fertig sind, setzen sich alle zusammen und stellen sich gegenseitig die Plakate vor.
Das heißt, ein Kind erzählt, was die Gruppe zusammengetragen hat und warum es zu dem Tier passt.
Anschließend werden die Plakate im Gruppenraum aufgehängt, um die Typisierung der Tiere immer präsent zu haben.
Alternativ kann auch jedes Kind ein eigenes Plakat für das Portfolio machen. Dazu gestaltet das Kind sieben DIN-A4-Bilder.

Welche Tiere findest du auf dem Bauernhof? (ab 4 Jahren)

Male die Tiere an, die auf dem Bauernhof leben.

Wie heißen sie?

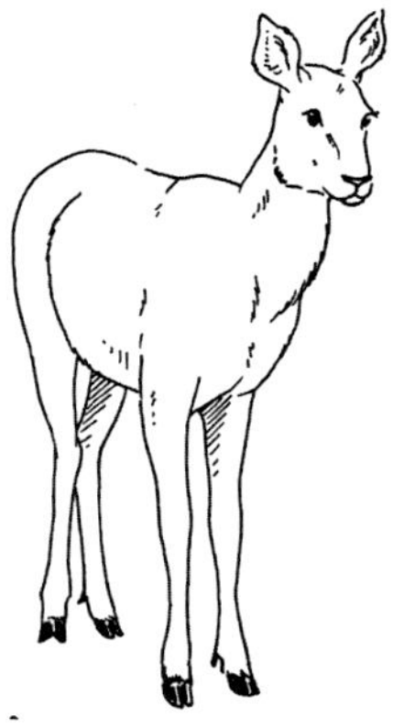

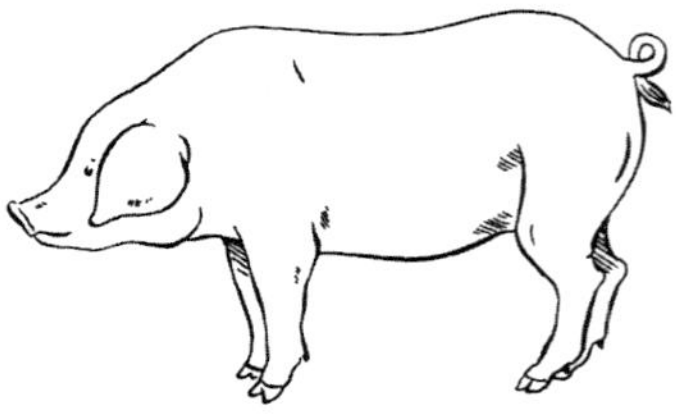

Die Merkmale der Tiere (ab 2 Jahren)

Material:
Fotos oder realistische Bilder von Bauernhoftieren, Malpapier, Stifte, Schere

Vorbereitung:
Bilder besorgen: Machen Sie entweder selbst Fotos von Bauernhoftieren oder schneiden Sie sie aus Zeitungen aus.

Vorgehensweise:
Legen Sie die Bilder der Tiere umgedreht vor die Kinder hin. Decken Sie zuerst nur ein Bild auf und lassen Sie die Kinder das Tier benennen. Sie sollen das Tier nach seinem Aussehen beschreiben und alles Wissenswerte dazu aufzählen. Außerdem sollen hier nach Möglichkeit die Merkmale aufgezeigt werden, die das Tier ganz klar erkennbar machen. So zum Beispiel erkennt man die Kuh an ihrem Euter und an der Gesichtsform. Ein Schwein ist rosa und hat einen typischen Schweinerüssel. So werden die Bilder nach und nach besprochen, sodass sich die Kinder die körperlichen Merkmale der einzelnen Tiere einprägen können. Anschließend stellt man Vergleiche auf. Lassen Sie die Kinder alles aufzählen, was bei den Tieren gleich ist (zwei Augen, ein Maul, alle laufen auf vier Beinen, sie haben keine Arme …) und was sie voneinander unterscheidet (Farben der Tiere, ihre Größe …).
Im weiteren Verlauf können sich die älteren Kinder (ab 4 Jahren) ein Tier aussuchen, das sie auf das Malpapier zeichnen. Hierbei sollten sie auf eine realitätsgetreue Zeichnung achten und nach Möglichkeit auch die Merkmale des Tieres mit einbringen.
Mit den jüngeren Kindern (2 – 3 Jahre) können Sie die Namen, die Laute und die Farben der Tiere behandeln. Bei den kleinen Kindern geht es beim Malen um das Training in der Feinmotorik und um erste Formenzeichnungen.

Die Fahrzeuge des Bauern (ab 5 Jahren)

Material:
folgende Modellfahrzeuge: Traktor, Mähdrescher, Anhänger, Milchsammelwagen, Ballenpresse, Bodenbearbeiter, Düngestreuer, Sämaschine, Kiste, Papier, Stifte

Vorbereitung:
Die Fahrzeuge und Maschinen in die Kiste legen. Papier und Stifte bereitlegen.

Vorgehensweise:
Besprechen Sie die Fahrzeuge nacheinander. Lassen Sie die Kinder immer zuerst überlegen, wie das Fahrzeug heißt und was man damit machen kann.

- Der Traktor zieht die Anhänger und Maschinen.
- Der Mähdrescher ist eine Maschine für die Ernte, vor allem von Getreide. Das Getreide wird gemäht und anschließend gedroschen, also die Körner werden von den Halmen getrennt.
- Im Anhänger wird das gedroschene Getreide vom Mähdrescher aufgefangen.
- Die Ballenpresse presst Stroh und Heu fest in Ballen zusammen.
- Der Bodenbearbeiter gräbt den Boden um und lockert die Erde auf.
- Der Düngestreuer verteilt gleichmäßig Dünger auf dem Feld.
- Die Sämaschine sät die Samen ein.
- Der Milchsammelwagen transportiert die frische Milch vom Hof in die Fabrik.

Anschließend können die Kinder ein Fahrzeug und/oder eine Maschine auf dem Feld nachmalen.

BVK • Cornelia Emde: Kita aktiv „Projektmappe Bauernhof“

Einmal Bauer / Bäuerin sein (ab 3 Jahren)

Material:
sauberes, frisches Stroh, 4 – 6 Kinderrechen, Erde oder Sand (Matsch), Eimer und Putzlappen für jedes Kind, Wasser, Brot, Schüsseln, Kuscheltiere passend zum Bauernhof, für jedes Kind eine Buddelhose und Gummistiefel, 1 Trampeltraktor mit Anhänger, 1 Paar Gartenhandschuhe, 1 Mülltonne / blauer Abfallsack

Vorbereitung:
Räumen Sie einen Raum ohne Teppich leer. Vermischen Sie etwa ein Drittel des Strohs mit Matsch, damit es richtig schmutzig wird, und lassen Sie es trocknen. Das getrocknete, schmutzige Stroh im Raum auslegen und die Bauernhoftiere auf dem Stroh verteilen.

Vorgehensweise:
Am besten führt man dieses Angebot in Kleingruppen mit 4 – 6 Kindern durch. Bitten Sie die Kinder in einen kleinen Gesprächskreis, in welchem die täglichen Aufgaben des Bauern besprochen werden. Hierzu zählen:

- Ställe ausmisten und säubern
- Tiere füttern
- Getreide ernten
- dafür sorgen, dass die Tiere auf die Weiden bzw. in die Außengehege kommen
- dafür sorgen, dass die Tiere gesund bleiben

Dann beginnt für die Kinder der Tag als Bauer. Zunächst muss der Bauer sich ankleiden, daher ziehen die Kinder sich jetzt ihre Buddelhosen und die Gummistiefel an.

Dann geht der Bauer in den Stall und bringt die Tiere nach draußen, deshalb sammeln jetzt alle Kinder die Tiere im Raum ein und stellen sie vor die Tür. Nun müssen die Ställe ausgemistet werden, das heißt, die Kinder bekommen einen Rechen und kehren das ganze dreckige Stroh zusammen. Derjenige, der das zusammengekehrte Stroh aufsammelt, kann die Handschuhe anziehen. Das Stroh wird auf den Traktoranhänger geladen und dann fährt ein Kind es zu der Mülltonne oder zu einem bereitgestellten blauen Sack und lädt es dort ab. Wenn jedes Kind einmal fahren möchte, kann jeder ein Häufchen Stroh zusammenkehren und es selbst mit dem Traktor abtransportieren.

Anschließend muss der Boden gewischt werden, denn sonst stinkt es im Stall. Also bekommt jedes Kind einen Lappen, einen Eimer und etwas Wasser. Gemeinsam wischen alle den Boden sauber. Wenn alles gereinigt ist, können die Kinder das frische Stroh verteilen und die Tiere wieder hineinholen. Jedes Kind untersucht ein Tier und schaut, ob es ihm gut geht. Nun erhält jedes Kind ein Schälchen. Dort hinein darf es etwas Brot füllen und seinem Tier vor das Maul oder den Schnabel stellen.
Damit wäre die Tagesarbeit eines Bauern getan und er darf sich ausruhen. Die Kinder dürfen Gummistiefel und Buddelhose wieder ausziehen und sich ins Stroh legen.
Hier kann man anschließend entweder das Angebot „Im Strohbett“ (s. S. 39) durchführen oder die Kinder ein bisschen durch das Stroh toben lassen. Sich gegenseitig damit zu bewerfen, macht viel Freude, fördert nebenbei das Sozialverhalten und die Körperwahrnehmung.

Eine kleine Lernwerkstatt (1) (ab 5 Jahren)

Material:
1 Latexhandschuh, 1 Nadel, 1 Trichter, etwas Schnur, frische Rohmilch, Becher (für jedes Kind einen), Staffelei (o. Ä.), mind. 5 Schüsseln, 1 Kuh als Kuscheltier, 1 Trampeltraktor, 2 Tische, 1 große Schüssel, 1 feines Sieb, Mikrowelle/mobiler Herd, Mikrowellengeschirr oder Topf, Bild von einem Kühlschrank, leere PET-Flaschen, H-Milch im Getränkekarton, viele Ährenhalme, 1 Blumentopf mit Erde, 2 Siebe, 1 Handtuch, 1 Löffel, 1 Mühle/1 Schneidebrett und 1 Nudelholz

Vorbereitung:
Einen freien Raum auswählen, der viel Platz bietet und über mehrere Tage für dieses Angebot genutzt werden kann.

Für die Station „Die Milch":
Um das Melken zu simulieren, wird ein „Euter" gebaut. In jede Fingerspitze eines Latexhandschuhs wird ein kleines Loch gepikst. Die Öffnung des Handschuhs wird über einen Trichter gestülpt und das Ganze mit der Schnur festgebunden, um den „Euter" dicht zu machen. Die frische Rohmilch wird in die Becher gegeben. Der „Euter" wird an einer Staffelei oder etwas Ähnlichem aufgehängt, damit das richtige Melkgefühl entsteht. Eine Schüssel wird unter die Staffelei gestellt, damit die Kinder dort hineinmelken können. Eine Kuh als Kuscheltier erinnert die Kinder daran, welches Tier die Milch gibt.

Neben die Melkstation wird ein Trampeltraktor gestellt. Den ersten Tisch stellt man etwa vier Meter weit entfernt von der Melkstation auf. Darauf werden eine große Schüssel, eine kleine Schüssel und ein Sieb sowie die Mikrowelle oder der mobile Herd platziert. Bei einem Herd ist ein Topf und bei Mikrowellenbenutzung eine entsprechende Schüssel erforderlich. Daneben liegen ein Bild von einem Kühlschrank und die leeren PET-Flaschen sowie die H-Milch im Getränkekarton.

Für die Station „Von Korn zum Mehl":
Als Getreidefeld werden Ährenhalme in einen mit Erde gefüllten Blumentopf gesteckt. Der zweite Tisch wird neben den Blumentopf gestellt. Darauf werden ein Sieb und zwei Schüsseln gelegt. Als Nächstes benötigt man ein Handtuch und einen Löffel. Das Handtuch wird ausgebreitet und der Löffel danebengelegt. Ein weiteres Sieb, eine Schüssel und abschließend entweder eine richtige Mühle oder ein Brett und ein Nudelholz werden benötigt.

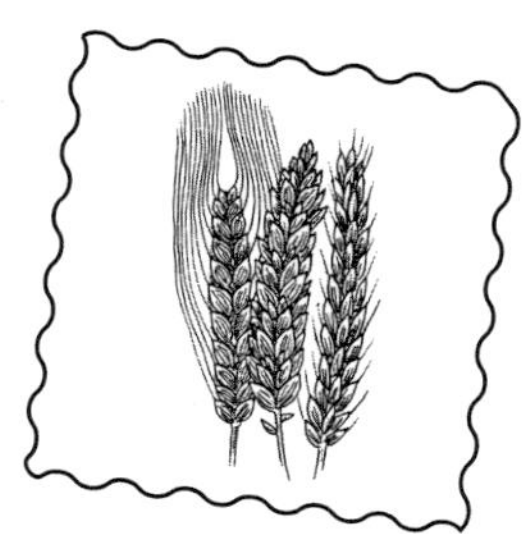

Vorgehensweise:
Die Kinder werden in Kleingruppen mit 5 Kindern eingeteilt. Sie schauen sich die Lernwerkstatt an und beschäftigen sich mit den Dingen. Es ist wichtig, allen Kindern zu erklären, dass die Lernwerkstatt über zwei Tage andauert, denn die Milch braucht eine mehrstündige Ruhezeit.
Zuerst geht man beide Stationen mit der Gruppe durch. Die Kinder sollen die Materialien anfassen, kosten und bearbeiten können. Achten Sie bitte darauf, keinen Vortrag zu halten, sondern die Kinder über Fragen selbst auf die Antworten kommen zu lassen.
Anschließend gibt man den Kindern Zeit, sich alles noch einmal anzuschauen oder auszuprobieren. Halten Sie sich dabei möglichst im Hintergrund, aber seien Sie für Fragen oder Hilfestellungen bereit. Es geht darum, dass sich die Kinder selbstständig mit den Fragen auseinandersetzen und sich gegenseitig behilflich sind.
Hier ist es auch sinnvoll, die Eltern miteinzubeziehen. Lassen Sie die Kinder den Eltern alles zeigen, erklären und vorführen, denn durch Wiederholungen festigt sich das Wissen bei den Kindern.

Eine kleine Lernwerkstatt (2) (ab 5 Jahren)

Station 1: Die Milch – von der Kuh in die Milchflasche

Die Kinder schauen sich die Materialien an und versuchen, den Weg der Milch selbst zu erläutern (1. Die Kuh wird gemolken; 2. Ein Milchsammelwagen holt die Milch ab; 3. Sie wird entrahmt; 4. Die Milch wird erhitzt; 5. Die Milch wird gekühlt.).

Anschließend geht es in die Praxis. Zuerst wird die Kuh gemolken, das bedeutet: Jedes Kind darf sich eines nach dem anderen an den „Euter" setzen. Die Erzieherin gießt einen Becher Rohmilch in den Trichter und das Kind fängt an, den „Euter" zu melken. Dabei muss es darauf achten, dass die Milch gezielt in der Schüssel landet. Hier sind gegebenenfalls Hilfestellungen beim Fingerdruck während des Melkens erforderlich. Anschließend nimmt das Kind seine gemolkene Milch (entweder jedes Kind bekommt ein Schälchen oder man gießt die Milch in den Becher zurück), setzt sich auf den Traktor und fährt mit dem Becher vorsichtig zum Tisch.

Dort gießen die Kinder ihre Milch in die große Schüssel. Jetzt muss die Milch 24 Stunden ruhen, damit sich Rahm an der Oberfläche absetzen kann.

Am zweiten Tag geht es dann weiter. Zunächst schauen sich die Kinder an, was sich an der Oberfläche der Milch gebildet hat. Dort ist es jetzt dickflüssiger Rahm zu sehen. Diesen können die Kinder mit einem Sieb abschöpfen und in eine extra Schüssel geben. (Tipp: Aus dem Rahm können Sie mit den Kindern selbst Butter machen, s. S. 28.) Diesen Vorgang nennt man Entrahmen. Die entrahmte Milch wird jetzt in der Mikrowelle oder auf dem Herd erhitzt, um die Bakterien und Keime der Kuh abzutöten. Anschließend kommt die heiße Milch in den Kühlschrank. Da der Kühlschrank leider nicht transportabel ist, liegt deshalb neben dem Herd das Bild. Trotzdem können die Kinder mit zum Kühlschrank gehen, wenn die Fachkraft die heiße Milch dorthin bringt. Hier ist wieder eine Pause erforderlich.

Als Nächstes wird die abgekühlte Milch in die leeren PET-Flaschen gegeben. Zur späteren Veranschaulichung steht H-Milch neben dem Kühlschrankbild.

Station 2: Vom Korn zum Mehl

Auch hier sollen die Kinder wieder erst selbst schauen und versuchen, den Weg des Getreides zu erläutern. (1. Das Getreide wird mit einem Mähdrescher von den Feldern geerntet; 2. Das Korn wird von den Halmen getrennt; 3. Dreck und Reste werden vom Korn getrennt; 4. Das Getreide wird entkornt; 5. Die Schale wird vom Kern getrennt; 6. Das Getreide wird gemahlen.)

Als Erstes pflückt jedes Kind einen Ährenhalm aus dem Blumentopf. Um das Korn von den Halmen zu lösen, fasst das Kind die Ähre mit einer Hand am Halm. Die andere legt es im Faustgriff an den Ansatz der Ähre und zieht fest über die Körner. Je nach Bedarf diesen Vorgang wiederholen, bis sich einige Körner gelöst haben.

Diese werden dann das erste Mal gesiebt. Der Inhalt des Siebes wird auf das Handtuch gekippt. Dort legt man die Körner auf die eine Hälfte des Handtuches und klappt die andere dann zu. Anschließend mit dem Löffel mehrmals fest darauf klopfen, bis sich die Schalen vom Mehlkörper des Kornes lösen. Dann den Inhalt des Handtuches wieder sieben, sodass die Mehlkörper ausgesiebt werden und in eine Schüssel fallen und die Schalen der Mehlkörper im Sieb hängenbleiben.

Anschließend können die Mehlkörner in der Mühle gemahlen oder auf dem Brett mit dem Nudelholz zermalmt werden. Fertig ist das pulverisierte Mehl.

Marmelade (ab 3 Jahren)

Zutaten:
1 kg Früchte (z. B. Erdbeeren), 400 g Gelierzucker (bitte die Angaben auf der Tüte beachten), 4 Päckchen Vanillezucker, 2 EL Zitronensaft

Arbeitsmittel:
Brettchen, Messer, 1 Topf, 1 Rührlöffel, 1 Küchenwaage, 1 Esslöffel, 1 Herd, saubere Einmach- oder Schraubgläser, 1 Küchenhandtuch, Topflappen

Vorbereitung:
Die Gläser heiß ausspülen und auf einem sauberen Tuch zum Trocknen aufstellen.

Zubereitung:
Die Früchte sollten sehr klein geschnitten und in den Topf gegeben werden. Gelierzucker, Zitronensaft und Vanillezucker hinzufügen. Bei mittlerer Hitze etwa 30 Minuten einkochen lassen. **Vorsicht:** Die Masse kann überkochen oder spritzen. Die Marmelade etwas abkühlen lassen und dann vorsichtig und schnell in die Gläser füllen. **Vorsicht:** Die Marmelade ist sehr heiß!
Marmelade bis zum Rand einfüllen, Gläser fest verschließen und auf den Kopf stellen (etwa 10 – 15 Minuten).
Das Einfüllen der Marmelade in die Gläser sollte die Fachkraft übernehmen.
Unbedingt Topflappen bereithalten.

Saft pressen (ab 3 Jahren)

Zutaten:
3 kg Äpfel, 100 g Zucker, Wasser

Arbeitsmittel:
Messer, Brett, 1 Kochtopf, 1 Küchenwaage, 1 Kochlöffel, 1 Sieb, 1 Löffel, 1 Schüssel, 1 Trichter, Flaschen zum Abfüllen, Topflappen, 1 Herd

Vorbereitung:
Die Flaschen sehr gründlich säubern.

Zubereitung:
Die Äpfel werden geschält, ganz klein geschnitten und in den Kochtopf gegeben. Ein bisschen Wasser zugießen und den Zucker mit einrühren. Das Ganze so lange einkochen lassen, bis die Äpfel weich sind. Nun die Masse durch das Sieb streichen und die Flüssigkeit auffangen. Meist ist der Saft noch etwas dickflüssig, deshalb sollte man jetzt noch so viel Wasser hinzufügen, wie notwendig ist. Je nach Bedarf noch etwas süßen.
Zuletzt wird der Saft durch einen Trichter in die Flaschen gegossen und kann dort abkühlen. Die Flaschen werden fest verschlossen, damit keine Luft oder Keime mehr hineinkommen.
Diesen Arbeitsschritt sollte die Fachkraft übernehmen. Eventuell Topflappen bereithalten.

BVK • Cornelia Emde: Kita aktiv „Projektmappe Bauernhof“

Brot backen (ab 2 Jahren)

Zutaten:
600 g Weizenvollkornmehl, $^1/_2$ Würfel Hefe, 1 TL Salz, 4 EL Öl, 450 ml warmes Wasser, Butter zum Einfetten

Arbeitsmittel:
1 Schüssel, 1 Küchenwaage, 1 Teelöffel, 1 Esslöffel, 1 Messbecher, 1 Handrührer mit Knethaken, 1 Tuch, Kastenform, 1 Ofen

Zubereitung:
Alle Zutaten in eine Schüssel geben. Die Hefe sollte dabei zerbröselt werden. Alles mit den Knethaken oder mit den Händen gut verkneten. Dann wird ein Tuch oder ein Deckel auf die Schüssel gelegt und diese an einen warmen Ort gestellt. Den Teig etwa 30 Minuten gehen lassen. Dann den Teig in eine gefettete Kastenform geben und nochmals 30 Minuten an einem warmen Ort gehen lassen. Anschließend wird der Teig bei ca. 200 °C eine Stunde im Ofen gebacken.

Tipp:
Je nach Interesse kann man beim Mehl variieren und das Weizenmehl mit Roggen- und Dinkelmehl mischen. Auch Körner, wie zum Beispiel Kürbiskerne, Sonnenblumenkerne, Leinsamen etc. können hinzugefügt werden. Insbesondere für den „Bauernhofmarkt“ (s. S. 36), können aus den unterschiedlichen Körnern verschiedene Brote gebacken werden.

Butter selbst gemacht (ab 3 Jahren)

Zutaten:
500 g Sahne, etwas Salz

Arbeitsmittel:
verschließbarer, dichter Behälter

Zubereitung:
Die Sahne in einen Behälter geben, gut verschließen und schütteln. Am besten lässt man den Behälter reihum gehen, dann kann jedes Kind kräftig schütteln, bis die Sahne eine feste Konsistenz erhält. Bitte nicht wundern, es kann eine lange Zeit dauern, bis die Sahne fest wird.
Anschließend wird Salz hinzugefügt. Hier bitte auf den Geschmack achten. Manche mögen es sehr salzig, andere eher weniger. Danach sollte die Butter ein paar Stunden gekühlt werden

Tipp:
Natürlich kann man auch abgeschöpften Rahm von der frischen Milch nehmen, allerdings gelingt dies nicht immer und kann schnell zu Frustrationen führen.
Möchte man die Butter im Hofladen verkaufen, sollte man sie gut kühlen, danach entsprechend portionieren und in Alufolie einwickeln. So lässt sie sich am besten veräußern.

BVK • Cornelia Emde: Kita aktiv „Projektmappe Bauernhof“

Gemüsesuppe kochen (ab 4 Jahren)

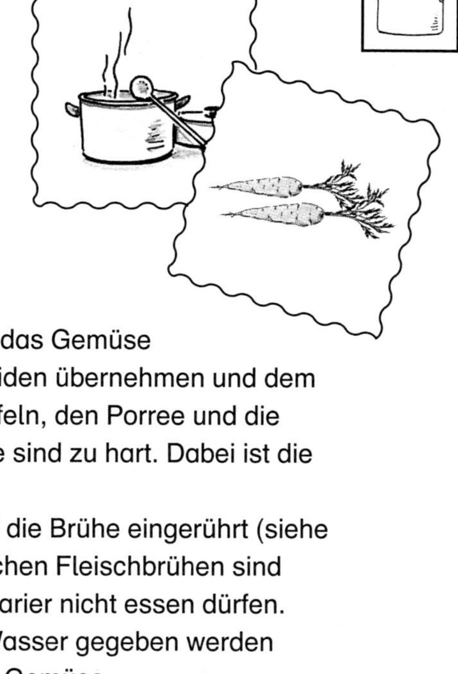

Zutaten:
verschiedene Gemüsesorten (z. B. Kartoffeln, Karotten, Sellerie, Kohl, Porree, Blumenkohl, Brokkoli, Zwiebeln), Gemüsebrühe, etwa 3 l Wasser

Arbeitsmittel: Schneidemesser, Brettchen, 1 Kochtopf, 1 Herd, 1 Kochlöffel

Vorgehensweise:
Die Kinder schälen das Gemüse und schneiden es klein (s. Hinweis S. 5). Ist das Gemüse vollständig geschält und etwas zerkleinert, so sollte die Fachkraft das Schneiden übernehmen und dem Kind ein neues Gemüse geben. Es empfiehlt sich, den Kindern nur die Kartoffeln, den Porree und die Kohlsorten zum Schneiden zu geben. Die Karotten, Zwiebeln und der Sellerie sind zu hart. Dabei ist die Abrutsch- und somit die Schneidegefahr am größten.
Während die Kinder schneiden und schälen, wird das Wasser aufgesetzt und die Brühe eingerührt (siehe Packungsangabe). Es ist ratsam, Gemüsebrühe zu verwenden, denn in manchen Fleischbrühen sind Zusätze von Schweinen enthalten, die muslimische Mitmenschen oder Vegetarier nicht essen dürfen.
Zuerst sollten die Karotten, die Kartoffeln und der Sellerie in das kochende Wasser gegeben werden (dies übernimmt die Fachkraft). Nach etwa einer halben Stunde das restliche Gemüse, welches eine kürzere Garzeit benötigt, hinzugeben. Die Suppe sollte nun so lange köcheln, bis das ganze Gemüse bissfest ist.
Immer wieder umrühren.

Rosinenstuten backen (ab 2 Jahren)

Zutaten:
500 g Mehl, ½ Würfel Hefe, 80 g Zucker, 250 ml Milch, 150 g Butter, 2 Eier, etwas Salz, 100 g Rosinen, Fett für die Backform

Arbeitsmittel:
1 Schüssel, 1 Küchenwaage, 1 Messbecher, 1 Handrührer mit Knethaken, 1 Küchentuch, 1 Backform, 1 Ofen, 1 Topf, 1 Pinsel

Zubereitung:
Das Mehl in eine Schüssel geben und eine Mulde in der Mitte formen. Die Hefe zerbröckeln und in die Mulde geben. Die lauwarme Milch darübergeben und den Zucker hinzufügen. Alles gut miteinander verkneten. Nun wird die Schüssel mit einem Tuch abgedeckt und der Teig muss etwa 20 Minuten an einem warmen Ort gehen.
Danach können die übrigen Zutaten hinzugegeben und verknetet werden. Anschließend sollte der Teig nochmals eine gute halbe Stunde an einem warmen Ort ruhen. Der Teig muss nach der halben Stunde sichtbar aufgegangen sein, sonst benötigt er weitere Gehzeit.
Nun kann er in eine beliebige gefettete Backform gefüllt werden und sollte ein drittes Mal ca. 15 Minuten an einem warmen Ort gehen. Dann bei 180 °C eine Stunde im Ofen backen.

BVK • Cornelia Emde: Kita aktiv „Projektmappe Bauernhof“

Bilder-Kopiervorlage von Zutaten und Haushaltsgegenständen

Marmelade

Saft pressen

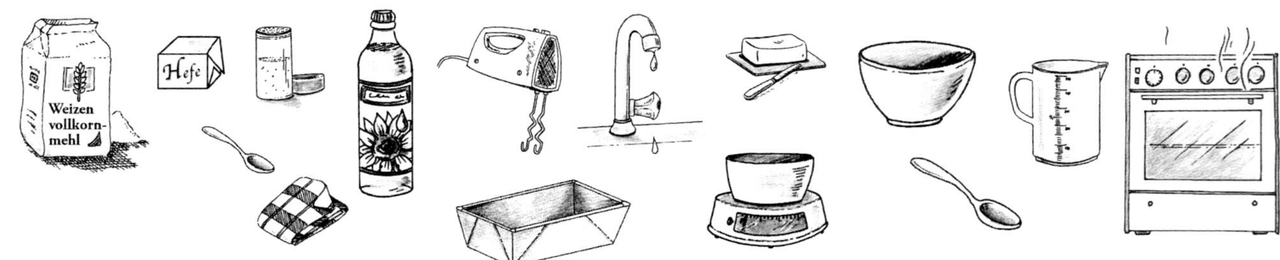

Brot backen

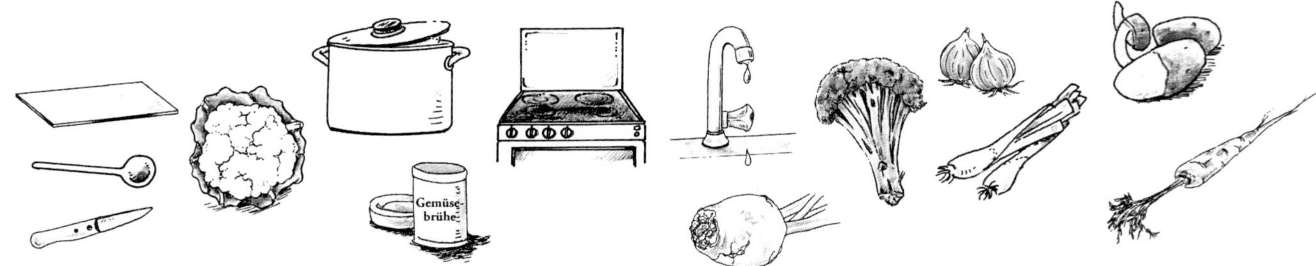

Gemüsesuppe kochen

Rosinenstuten backen

Butter selbst gemacht

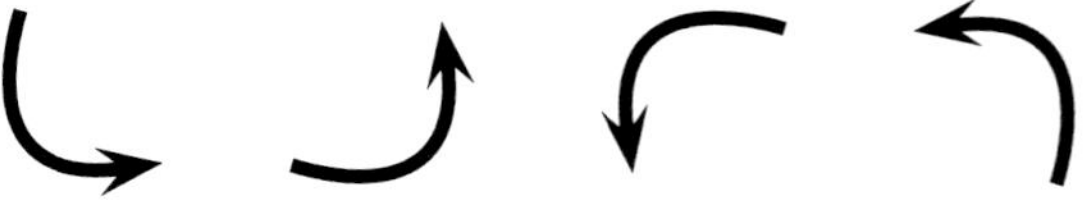

Ordnen (ab 2 Jahren)

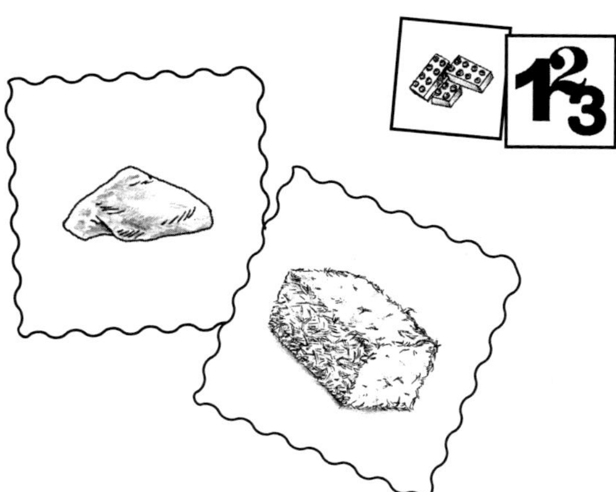

Material:
mindestens 6 Spielzeugtiere, einige unterschiedlich lange Strohhalme, einige unterschiedlich große Steine, evtl. eine Waage

Vorbereitung:
Die Spielzeugtiere werden aufgestellt, die Strohhalme und die Steine dazwischen gelegt.

BVK • Cornelia Emde: Kita aktiv „Projektmappe Bauernhof“

Vorgehensweise:
Zunächst sortieren die Kinder die Materialien.
Sie stellen alle Tiere zusammen, dann legen sie jeweils das Stroh und die Steine zusammen.
Nachdem sie die Materialien klassifiziert haben, geht es darum, alles der Größe nach zu ordnen.
Die Kinder stellen die Tiere so auf, wie sie in der Wirklichkeit aussehen. Sie können mit dem größten oder dem kleinsten Tier beginnen, das ist jedem Kind selbst überlassen.
Genauso verfahren sie mit dem Stroh und den Steinen. Die Halme werden der Länge nach geordnet und die Steine der ungefähren Größe nach.
Die Steine können die Vorschulkinder auch nach dem Gewicht ordnen. Dazu brauchen sie dann eine Waage.
Bei den Zweijährigen reicht es, wenn sie nur nach Material sortieren.

Formen und Mengen entdecken (ab 4 Jahren)

Material:
Kopiervorlage „Ausmalbild Bauernhof“ (s. S. 32), Stifte

Vorbereitung:
Die Kopiervorlage vervielfältigen, sodass jedes Kind ein eigenes Ausmalbild erhält.

Vorgehensweise:
Es geht darum, Formen zu erkennen und zu zählen. Stellen Sie den Kindern zum Beispiel die folgenden Aufgaben.

Zum Bereich „Zählen“:
• Wie viele Hühner siehst du? • Wie viele Eier siehst du? • Wie viele Schweine baden im Schlamm?
• Wie viele Kühe stehen auf der Weide? • Wie viele Fahrzeuge fahren auf dem Bild?
• Wie viele Fenster hat das Haus? • Wie viele Strohballen stehen auf dem Feld?

BVK • Cornelia Emde: Kita aktiv „Projektmappe Bauernhof“

Zum Bereich „Formen erkennen“:
• Was ist alles rund? Benenne es genau. • Was ist viereckig? Benenne es genau.
• Wie viele Kreise siehst du? • Wo sind Dreiecke?

Anschließend können die Kinder ihre Bilder anmalen oder selbst eine Geschichte entwickeln.

Kopiervorlage „Ausmalbild Bauernhof“

Fütterung der Tiere (ab 4 Jahren)

Jedes Tier auf dem Bauernhof hat Hunger und bekommt etwas Futter.
Doch alle Tiere essen unterschiedlich viel.

Verbinde jedes Tier mit dem Bild, das seine Menge an Futter zeigt.

1

6

4

2

7

8

3

5

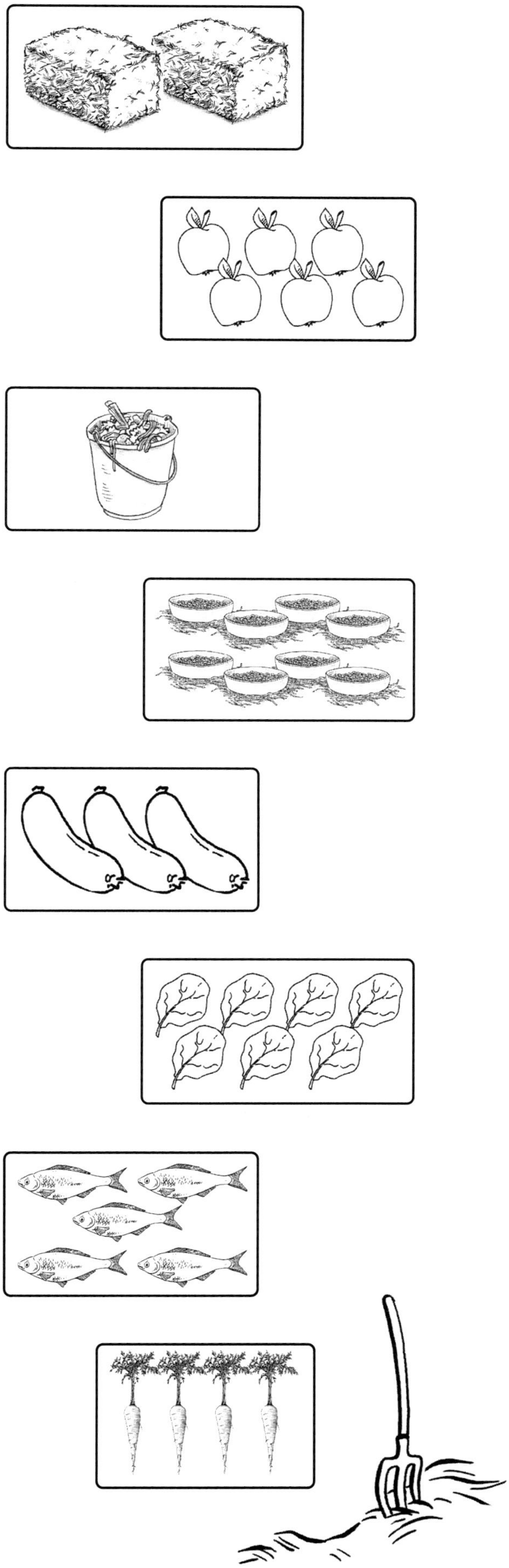

Einladung zur Erntedankandacht mit anschließendem Erntedankfest (ab 2 Jahren)

Material:
Kopiervorlage „Einladung“ (s. u), Stifte, Briefumschläge

Vorbereitung:
Der genaue Ablauf des Erntedanktages wird im Team besprochen. Je nachdem, was geplant wird, müssen Marktstände aufgebaut, der Raum für die Andacht geschmückt, die Lebensmittel vorbereitet und der Getreidehalmtanz (s. S. 11) eingeübt werden. Details müssen bedacht und vorüberlegt werden. Die Einladungen werden je Kind einmal kopiert und verteilt.

Vorgehensweise:
Jedes Kind malt die Buchstaben und Lebensmittel auf seiner Einladung bunt an. Je nach Fähigkeiten können die Kinder auch den Namen der Eltern / Verwandten hineinschreiben. Alternativ schreibt die Erzieherin die Namen vor und das Kind schreibt sie ab. Außerdem gehören die individuellen Daten Ihres Festes auf die Einladung. Auf der Rückseite der Einladung können Sie einen Programmablauftext notieren, der wie folgt aussehen könnte: „Wir starten unser Erntedankfest mit einer kleinen Andacht. Anschließend verkaufen die Kinder auf dem Bauernhofmarkt frisches Obst und Gemüse und selbst hergestellte Lebensmittel. Außerdem werden wir Gemüsesuppe mit Brot anbieten.“
Man kann die Eltern in der Einladung um Obst- und Gemüsespenden bitten, die hinterher verkauft werden. Vielleicht gibt es unter den Eltern einen Bauern, der gern ein paar Kilo Äpfel oder Kartoffeln abgibt.
Ist die Einladung fertig beschriftet und bemalt, wird sie in einen Briefumschlag gesteckt und mit einem Namen versehen. Jedes Kind kann seinen Eltern / Verwandten die Einladung persönlich übergeben.

Einladung

zu unserem Erntedankfest im Kindergarten

für: ______________________

am: ____________ ab: ____________

Wir freuen uns auf euer Kommen!
Bitte den unteren Abschnitt ausgefüllt wieder abgeben.

☐ Ja, wir kommen mit ____ Personen.

☐ Nein, wir können leider nicht.

Kleine Erntedankandacht (ab 2 Jahren)

Material:
1 Tisch, 2 hellgelbe oder sandfarbene Tücher, 1 Vase, Getreidehalme, 1 Krug mit Wasser, 1 Schale mit Obst, 1 Schale mit Gemüse, 1 Teller, 1 Brot, 1 Bibel, Kopien der gewünschten Lieder und Gebete, zahlreiche Stühle oder Bänke

Vorbereitung:
Wählen Sie einen großen Raum aus, der Platz für alle Familien und Kinder bietet. Der Tisch wird vorne aufgestellt, sodass jeder Anwesende einen Blick darauf werfen kann. Die Tücher werden darüber ausgebreitet. Die Lebensmittel, Teller und Schalen werden auf die Seite gestellt, von wo aus sie nach vorne getragen werden können. Es werden fünf Kinder ausgewählt, die die Gaben nach vorne bringen und Gott danken. Die Stühle oder Bänke werden aufgestellt, sodass jeder Anwesende sitzen kann. Dafür wird vorher die genaue Personenanzahl ermittelt (siehe Einladungen).

Vorgehensweise:
Die Kindergartenleitung übernimmt das Wort und führt die Teilnehmenden durch die Andacht. Zunächst begrüßt sie alle Anwesenden und gibt einen kleinen Einblick in den Programmablauf. Anschließend kann ein Einstimmungslied gesungen werden, zum Beispiel „Alle guten Gaben".

Dann treten die fünf Kinder mit den Gaben nacheinander nach vorne. Das erste Kind stellt die Schale mit dem Obst auf den Gabentisch und sagt: „Lieber Gott, im Namen aller danke ich dir für das Obst von den Sträuchern und Bäumen."
Das zweite Kind stellt die Schale mit dem Gemüse auf den Tisch und sagt: „Lieber Gott, im Namen aller danke ich dir für das Gemüse von den Feldern und Beeten."
Das dritte Kind tritt vor, legt die Getreidehalme ab und sagt: „Lieber Gott, im Namen aller danke ich dir für das Getreide von den Feldern."
Das vierte Kind bringt den Teller mit dem Brot und sagt: „Lieber Gott, im Namen aller danke ich dir für unser tägliches Brot."
Das fünfte Kind stellt den Krug mit Wasser ab und sagt: „Lieber Gott, im Namen aller danke ich dir für das täglich frische Wasser."

Dann übernimmt die Leiterin wieder das Wort und dankt Gott für unser gutes Leben. Hier kann man noch individuelle Geschichten, Texte, Gebete oder Ähnliches einbauen. Folgen kann dann eine Lesung: Psalm 104, Vers 10–15.

Nun wird der Getreidehalmtanz von den Kindern aufgeführt.

Die Leiterin beendet die Andacht und weist auf die Suppe und den Bauernhofmarkt (s. S. 36) hin. Es ist sinnvoll, die Eltern zu bitten, sich während des Marktes ruhig zu verhalten und die Kinder nicht unter Druck zu setzen.

Der Bauernhofmarkt (ab 3 Jahren)

Material:
Tische, Holzkisten, Körbe, farbige Tücher, die gebastelten Schilder (s. S. 18/19), gespendetes Obst und Gemüse, Brote, Butter, Marmeladen, Regale, 3 Geldkassetten, Papiertüten (s. S. 18/19), 3 Banner (s. S. 20), Preisschilder, ggf. eine Waage, Gemüsesuppe (s. S. 29), Brote, Schüsseln, Messer, Kellen, Suppenteller, Löffel, Tische, Stühle, evtl. Dekoration

Vorbereitung:
Für die Brote, Marmeladen und die Butter sollten die entsprechenden Angebote zuvor durchgeführt werden (s. S. 27–29). Je nach Elternzusagen muss eine entsprechende Anzahl produziert werden.
Es werden zunächst drei Verkaufsbereiche für das Obst, das Gemüse und die ländlichen Delikatessen ausgewählt. In den drei Bereichen werden Tische nebeneinander aufgestellt, sodass eine Theke entsteht. Die Tischanzahl hängt von der geplanten Menge der zu verkaufenden Lebensmittel ab. Die Tücher werden dekorativ über den Tischen drapiert.
Das gespendete Obst und Gemüse wird in die Körbe und Kisten sortiert und auf die Tische des zugehörigen Verkaufsbereiches gestellt. Schließlich gibt es einen Marktstand für das „Obst", der zweite Marktstand bietet „Gemüse" an und der dritte die „ländlichen Delikatessen".
Entsprechende Schilder werden an die Körbe und Kisten geklebt oder gehängt. Die drei großen Banner werden an den Wänden hinter den Theken aufgehängt, damit alle sehen können, wo was angeboten wird.
Am Stand „ländliche Delikatessen" werden die gebackenen Brote und Marmeladen in die Regale oder auf die Tische gestellt und ebenfalls mit Preisschildern versehen. Hier macht es Sinn, verschiedene Brote und Marmeladen anzubieten, damit für jeden Geschmack etwas dabei ist. Die Butterpäckchen werden nach der Erntedankandacht aus dem Kühlschrank geholt und auf dem Tisch aufgebaut.
Die Suppe wird zuvor mit den Kindern zubereitet. Tische, Stühle und entsprechende Dekoration werden aufgebaut und angerichtet. Die Brote werden gebacken (s. S. 28/29) und in Scheiben geschnitten. Ein Tisch wird als Theke aufgebaut und die Suppe in Suppenschüsseln mit Kellen daraufgestellt.

Vorgehensweise:
Die Fachkräfte stehen mit ein paar Kindern hinter der Theke und verkaufen den Eltern und Verwandten die selbst gemachten Produkte und das gespendete Obst und Gemüse. Die Kinder nehmen die Bestellungen der Eltern auf und suchen die gewünschten Produkte zusammen. Dabei sollten die Eltern den Kindern die genaue Stückzahl des gewünschten Lebensmittels nennen, damit die Kinder abzählen können. Bei älteren Kindern kann auch eine Waage eingesetzt werden, sodass die Kinder mit Gramm und Kilogramm arbeiten. Die Lebensmittel packen die Kinder in Papiertüten (s. S. 18/19) und händigen sie den Eltern aus.
Währenddessen kümmert sich die Fachkraft um die Finanzen. Im Kindergartenalter ist es nicht üblich, dass ein Kind schon richtig mit Geld umgehen kann. Hier darf kein Kind zum Verkauf gezwungen werden, da die Hauptaufgabe der Kaufabwicklung bei der Fachkraft liegt. Die Kinder bekommen hier die Möglichkeit, spielerisch in die Rolle eines Verkäufers zu schlüpfen. Das bedeutet auch, dass die Kinder sich die Dauer des Verkaufens selbst aussuchen. Falls es zu einem großen Andrang kommt, weil alle Kinder verkaufen möchten, so kann man die Kinder grüppchenweise einteilen, sodass jedes einmal mitmachen darf.
Dasselbe gilt auch für den Verkauf der Gemüsesuppe. Die Verantwortung der Kaufabwicklung liegt bei der Fachkraft und die Kinder können auch hier wieder mithelfen, sofern sie es wollen.
Die Gemüsesuppe wird in Schüsseln bereitgestellt, damit die Kinder sie leichter in die Suppenteller füllen können. Immer 3–4 Kinder stehen hinter der Theke und verkaufen Suppe. Hier sollte auch wieder ein Erwachsener dabei sein, um die Geldeinnahme und den Wechsel zu unterstützen. Die Kleineren, die das Schöpfen der Suppe noch nicht so gut hinbekommen, können das Brot verteilen und jedem Gast eine Scheibe reichen. Auch hier sollten die Kinder nicht länger als eine halbe Stunde arbeiten.

Bauernhofspiele (1)

Gummistiefelparcours (ab 2 Jahren)

Material:
für jedes Kind ein Paar Gummistiefel eines Erwachsenen bzw. eines Vorschulkindes, 5 Pylonen, 3 – 4 Podeste, 1 Balancierbrett, 1 XXL-Holzbaustein, 1 Weichbodenmatte

Vorbereitung:
Die Pylonen werden in einem regelmäßigen Abstand hintereinander aufgestellt. Das Balancierbrett wird genau mittig auf den Holzbaustein gelegt, sodass eine Wippe entsteht. Die Podeste werden hintereinander aufgestellt. Falls die Podeste unterschiedliche Höhen haben, sollten sie sich so abwechseln, dass die Kinder hinauf- und hinabsteigen können. Die Weichbodenmatte wird auf den Boden gelegt. Nach Möglichkeit wird der Parcours kreisförmig aufgebaut, damit die Kinder ihn als einen Weg gehen können.
Die Gummistiefel säubern, um die Materialien nicht zu beschmutzen.

Vorgehensweise:
Die Kinder ziehen die Gummistiefel an und gehen den Parcours einige Male zur Übung ab.
Zwischen den Pylonen gehen die Kinder im Zickzack hindurch.
Auf den Podesten überwinden sie ggf. Höhenunterschiede oder gehen einfach nur darauf entlang.
Über die Wippe und die Weichbodenmatte gehen sie hinweg. Hier können weitere Schwierigkeitsgrade eingebaut werden, falls es zu einfach ist. Die Wippe kann man erhöhen, indem man einen höheren Gegenstand unter das Brett legt. Unter die Weichbodenmatte kann man Bälle oder Gymnastikstäbe legen. So wird der Untergrund wackeliger.
Auch bei den Pylonen lassen sich Herausforderungen einbauen. So kann man Hindernisse in den Weg legen, über die die Kinder steigen müssen, oder ein Seil wird ausgelegt, über das die Kinder balancieren. Bei den Kleinsten ist es ratsam, ihnen die Gummistiefel von den Vorschulkindern anzuziehen. In den großen Stiefeln würden sie ihre Beine kaum noch anheben können. Außerdem sollten die Kinder den Weg erst einmal ohne Stiefel gehen, um ein Gefühl für die Gleichgewichtsübungen zu bekommen. Je nach Bedarf kann man anstelle der Weichbodenmatte auch eine Fallschutzmatte wählen. Je nach Lust und Laune kann nun ein Wettspiel angehängt werden. Dazu laufen immer zwei Kinder den Parcours um die Wette ab und wer ihn als Erstes bezwungen hat, der hat gewonnen.

Bauernhofspiele (2)

Wettanziehen (ab 4 Jahren)

Material:
je zwei Garnituren Kleidung: Gummistiefel, Buddelhose/Latzhose, Hemd, Hut, Regenjacke

Spielregeln:
Bei zwei Garnituren Kleidung treten zwei Kinder gegeneinander an. Hat man mehrere Garnituren zur Verfügung, können auch mehrere Kinder gleichzeitig spielen. Auf Kommando ziehen sich die Kinder die Bauernhofkluft an, müssen dabei aber sorgfältig vorgehen, denn jede Schnalle und auch jeder Reißverschluss muss geschlossen werden. Außerdem müssen die Sachen richtig angezogen werden, das heißt, das Hemd muss zuerst angezogen werden, danach die Latzhose usw.
Hat ein Kind einen Fehler gemacht, muss es ihn erst korrigieren, bevor es weitermachen kann. Gewonnen hat der Spieler, der sich zuerst vollständig angekleidet hat und wie ein Bauer aussieht.
Das Spiel kann man noch erweitern, indem man sagt, dass die Kinder sich anschließend auch wieder ausziehen und die Kleidung sorgfältig wieder zusammenlegen müssen.
Spielen jüngere Kinder mit, so kann man die Kleidungsstücke auf die Gummistiefel und die Jacke beschränken. Allerdings gestalten sich feinmotorische Tätigkeiten wie das Ziehen der Reißverschlüsse für die Kleinsten recht schwierig. Das Spiel sollte in jedem Fall den individuellen Fertigkeiten des Kindes angepasst werden.

Hinweis:
Dieses Spiel ist durchaus gut als Fördereinheit zu verwenden. Hier ist viel feinmotorisches Können gefragt, was im Leben tagtäglich vorkommt, sodass die Kinder die Gelegenheit haben, das Anziehen zu üben. Sich allein anzuziehen und zu entkleiden, ist ein enormer Schritt in die Selbstständigkeit, den insbesondere die Vorschulkinder schon erlernen können. Natürlich dürfen auch Kleidungsstücke mit Knöpfen oder Schleifen miteinbezogen werden. Möchte man dies als Fördereinheit nutzen, kann man den Kindern auch eine kindsgroße Puppe zur Verfügung stellen, die sie an- und ausziehen müssen.

Das stimmt aber nicht! (ab 3 Jahren)

Material:
Kopiervorlage „Der Hof“ (s. S. 42), Spielzeugtiere, weitere Spielutensilien, die für die Charakterisierung der Tiere maßgeblich sind

Vorbereitung:
Legen Sie das Spielebild auf den Boden und ordnen Sie die Tiere und das dazugehörige Material darauf an. Allerdings sollten Sie ein paar Fehler einbauen, so kann zum Beispiel eine Kuh im Schlamm, ein Huhn auf der Weide und ein Schwein auf dem Stalldach positioniert werden usw.

Vorgehensweise:
Die Kinder sehen sich das Bild sehr genau an und versuchen festzustellen, was daran nicht stimmt. Diese Fehler benennen und korrigieren sie, indem sie alles wieder dorthin stellen, wo es hingehört. Im weiteren Verlauf kann die Erzieherin eine kurze Geschichte erzählen, in die sie Fehler einbaut, zum Beispiel dass der Hund kräht oder die Katze auf der Weide grast. Die Kinder müssen dann jedes Mal „Stopp“ rufen und die Fachkraft verbessern.
Um es schwerer zu machen, können Kleinigkeiten falsch ausgelegt werden, zum Beispiel werden Steinchen auf das Stroh gelegt oder die Karotte wird an das Schaf verfüttert.

Im Strohbett / Fantasiereise (ab 2 Jahren)

Material:
sehr viel Stroh, Bettlaken, CD-Player, Entspannungsmusik, Lichterketten

Vorbereitung:
Wählen Sie einen Raum aus, der frei von Geräuschen oder geräuscharm ist. Schaffen Sie viel Platz im Raum, entfernen Sie ablenkende Gegenstände und hängen Sie die Lichterketten auf.

Vorgehensweise:
Bitten Sie die Kinder, das Stroh im Raum zu verteilen. Anschließend können sich die Kinder in das Stroh legen und es mit allen Sinnen wahrnehmen. Dabei kann man gut dessen Eigenschaften erarbeiten:

- Wie fühlt sich das Stroh an?
- Ist das Stroh warm oder kalt?
- Wie genau sieht ein Strohhalm aus?
- Liegt man weich darauf oder kratzt es überall?
- Wie riecht das Stroh?
- Wie stabil oder reißfest ist ein Halm?

Danach entscheiden die Kinder, ob sie auf dem Stroh liegen bleiben wollen oder ob sie lieber mit einem Bettlaken darauf liegen möchten. Wenn alle bequem liegen, beginnt die Fantasiereise. Dazu können die Kinder ihre Augen schließen und die Entspannungsmusik wird leise angestellt.
Lesen Sie langsam und legen Sie nach jedem Satz eine Pause … ein. Nur so haben die Kinder Zeit genug, sich die Bilder im Kopf vorzustellen.
Je nach Lust und Laune können die Kinder anschließend ein Bild von der Geschichte malen.

Geschichte:
Schließe deine Augen und fühle das Stroh unter dir … Spürst du, wie es dich trägt und dich wärmt … Stelle dir vor, du liegst in einem Strohbett in einer Scheune … Die Sonnenstrahlen dringen durch die Holzritzen … und zaubern ein schönes Licht in den Raum … Über dir siehst du Holzbalken … und der Geruch des frischen Strohs kitzelt in deiner Nase … Von Ferne hörst du das Hufgetrappel von Pferden, die über den Hof galoppieren … Sie wiehern ganz aufgeregt … Bestimmt dürfen sie einen langen Ausritt machen … Dann wird es wieder still … Die Sonne wärmt die Scheune … und es ist sehr friedlich hier … Du liegst sehr entspannt da … Plötzlich kommt ein kleiner Vogel in die Scheune geflogen … Er flattert hin und her … Dann setzt er sich auf einen der Balken … und schaut zu dir herab … Einen Moment bewegt er sich gar nicht … Du schaust zu ihm auf und lächelst … Es ist ein sehr schöner Vogel … Er ist blau … und glänzt auch ein bisschen … dann breitet er seine Flügel wieder aus und schwebt durch den sonnenerwärmten Raum … Du beobachtest ihn, wie er den Ausgang sucht … Vor Aufregung piepst er sehr laut … aber in deinen Ohren klingt es schön … dann findet er den Weg nach draußen und fliegt davon … du siehst ihm nach, wie er verschwindet … Als er weg ist, legst du dich wieder zurück und schaust nach oben … das Stroh unter dir raschelt manchmal, wenn du dich bewegst … Es ist so fantastisch, hier zu liegen und nichts tun zu müssen … Wieder steigt dir der Geruch von frischem Stroh in die Nase … Herrlich … Dann hörst du wieder Geräusche von draußen … Diesmal werden die Kühe über den Hof getrieben … Sie stampfen über den Boden und muhen … Möglicherweise werden sie gleich gemolken … Wenn du sehr genau lauschst, hörst du auch die Schweine grunzen … Bestimmt baden sie wieder im Schlamm … Wie sie sich dabei wohlfühlen, voller Dreck zu sein … Dann spürst du eine Bewegung neben dir … Du schaust auf und siehst Benno, den Hund … Er steht neben dir und sieht dich aufmerksam an … Du lächelst ihm zu … Benno schnüffelt ganz kurz an dir … Dann legt er sich neben dich … Sein Kopf ruht auf seinen Pfoten und seine Ohren zucken ein bisschen … Du merkst Bennos Wärme und das Fell kitzelt an deinem Arm … Er ist so ein lieber, treuer Hund … Du legst deinen Arm um ihn … und spürst, wie sich sein Körper bei der Atmung bewegt … Dann hörst du deinen Namen … Der Bauer ruft dich … Er braucht Hilfe beim Melken …
Du schließt noch einmal kurz die Augen … genießt den letzten Augenblick hier in dem warmen, kuscheligen Strohbett … dann atmest du tief ein und wieder aus … und öffnest deine Augen.

Experimente mit Federn (ab 2 Jahren)

Material:
pro Kind 1 Feder, Sitzkissen, Musik

Vorgehensweise:
Zunächst einmal bespricht man mit den Kindern, welches Tier Federn besitzt und in welchen Farben es sie gibt. Im nächsten Schritt überlegen sich die Kinder, was man mit Federn alles anstellen kann. Hier sind explorative Ideen erwünscht.
Dann kann man mit der Feder Massageeinheiten durchführen, zum Beispiel über die nackte Fußsohle streichen oder an bestimmten Körperregionen wie Armen entlangkitzeln.

Spielvorschläge mit Federn:
Der Federdieb: Ein Kind sitzt in der Mitte und hat die Augen geschlossen. Um das Kind herum liegen Federn. Die anderen sind die Hühner und versuchen, dem Hahn in der Mitte die Federn zu klauen. Sie können sich dabei kreisförmig auf den Hahn zubewegen. Sobald der Hahn merkt, dass sich die Hühner zu nah heranwagen, hebt er die Hand und die Hühner müssen zurücktreten. Merkt der Hahn nicht, wenn sich ein Huhn heranschleicht, kann das Huhn sich eine Feder klauen. Es wird dann selbst zum Hahn.
Farbfedern: Hierfür benötigt man farbige Federn und farbige Steckbausteine. Man verteilt die Federn und die Steckbausteine im Raum und bittet die Kinder, die Federn krabbelnd zu den passenden Steckbausteinen zu bringen.
Federfussball: Jedes Kind benötigt eine Feder und einen Watteball. Mit einem Klebestreifen markiert man auf einem Tisch zwei Tore. Die Kinder werden in zwei Mannschaften eingeteilt und versuchen, den Ball mit ihrer Feder in das gegnerische Tor zu bekommen.

Strohwühlen (ab 2 Jahren)

Material:
jeweils 1 – 2 Spielzeugtiere (Schwein, Katze, Hund, Kuh, Pferd, Huhn, Kaninchen), 1 Kiste, Augenbinden, Stroh

Vorbereitung:
Das gesamte Stroh wird in die Kiste gefüllt und alle Tiere werden darin vergraben.

Spielregeln:
Jedes Kind erhält eine Augenbinde und setzt sie sich auf. Wer das nicht möchte, kann die Augen auch nur schließen.
Nun greift das erste Kind in die Kiste und versucht, alle Tiere aus der Strohkiste herauszufischen. Anschließend kann es die Binde abnehmen, die Tiere benennen und jeweils den dazugehörigen Tierlaut nachahmen. Die Tiere werden wieder zurück in die Kiste gelegt und das nächste Kind ist an der Reihe.
Bei den Älteren könnte man ein Blinde-Kuh-Spiel anhängen. Dazu ertasten die Kinder mit geschlossenen Augen das Spielzeugtier und versuchen zu erraten, um welches Tier es sich handelt.

BVK • Cornelia Emde: Kita aktiv „Projektmappe Bauernhof“

Hinweis:
Da es hierbei neben dem gezielten Finden der Tiere um die taktile Wahrnehmung geht, kann man auch andere Materialien, wie Heu oder Erde verwenden. Alles, was auch auf dem Bauernhof zu finden ist, eignet sich hervorragend.

Auf dem Hof von Bauer Hoppe (ab 3 Jahren)

Material:
Kopiervorlage „Der Hof" (s. S. 42), Kopiervorlage „Bauer Hoppe" (s. u.), 3 kleine Schälchen, ein paar Maiskörner und Erbsen, 1 Spielzeugkatze, 4 Bauklötze, 2 eckige Bierdeckel, Schere, Pappe, Stifte, Klebstoff, Laminiergerät und -folie

Vorbereitung:
Die Kopiervorlage „Der Hof" kopieren, anmalen und ggf. laminieren. Die Kopiervorlage „Bauer Hoppe" ausschneiden, auf Pappe kleben, anmalen und die Löcher für die Finger ausschneiden. Ein kleines Schälchen mit trockenem Mais und Erbsen füllen und mit zwei kleinen leeren Schälchen auf die dafür vorgesehene Stelle im Bild „Der Hof" platzieren. Die Spielzeugkatze in den Garten stellen. Die Bauklötze auf die dafür vorgesehene Stelle beim Stall auf das Bild setzen, die Bierdeckel danebenlegen.

Vorgehensweise:
Das Bild wird vor das Kind gelegt. Besprechen Sie mit ihm, dass der Bauer nun einen Kontrollrundgang über den Hof machen muss, um zu sehen, ob alles in Ordnung ist.

Übung 1: Das Kind steckt den Mittel- und den Zeigefinger in die dafür vorgesehenen Löcher des Bauern und ersetzt ihm damit die Beine. Nun setzt das Kind die Finger auf den Weg und so abwechselnd voreinander, dass der Bauer den Weg entlanggeht. Dabei muss der Bauer darauf achten, ob auf seinem Hof alles in Ordnung ist. Falls nicht, muss der Bauer es wieder in Ordnung bringen. Dazu hält das Kind an und erledigt die Aufgabe (siehe folgende Übungen).

Übung 2: Der Hund von Bauer Hoppe hat die Futtertröge der Schweine umgeworfen und nun muss das Futter wieder voneinander getrennt werden. Also füllt das Kind ein Schälchen mit Mais und eines mit den Erbsen. Ist das Kind fertig, geht es mit den Fingern weiter den Weg entlang zur nächsten Übung.

Übung 3: Das Kätzchen hat sich im Garten versteckt und der Bauer muss es finden. Das Kind benennt den Ort, an dem sich die Katze versteckt hat, genau.

Übung 4: Ein Sturm hat gewütet und das Dach vom Stall hinweggefegt. Nun muss der Bauer das Dach wieder zusammenbauen. Danach geht das Kind bis zum Ende des Weges weiter und ist dann fertig.

Kopiervorlage „Bauer Hoppe"

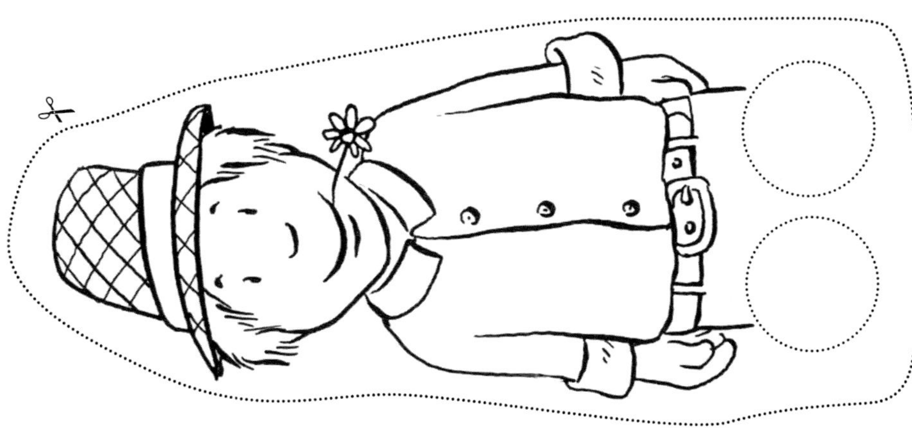

Kopiervorlage „Der Hof“

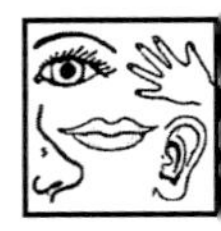

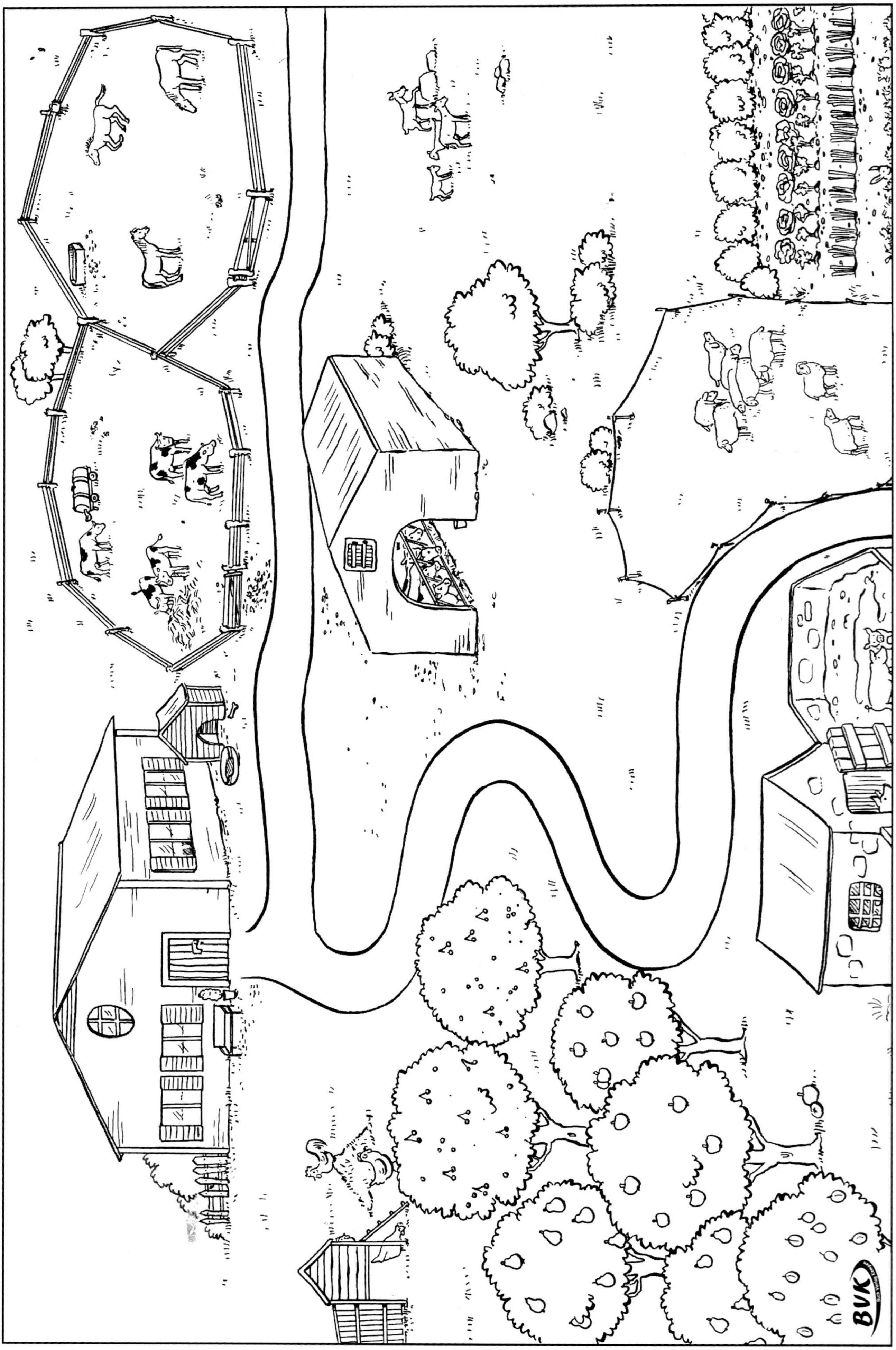

BVK • Cornelia Emde: Kita aktiv „Projektmappe Bauernhof“

Die Naturmaterialien erkunden (ab 2 Jahren)

Material:
Stroh, Heu, Erde, Wasser, Getreide, Sägespäne, 6 große Schalen oder Wannen, Handtücher

Vorbereitung:
In jede Schale wird eine Sorte Material gefüllt. Die Schalen werden so platziert, dass die Kinder sich davor hinknien können und sich immer zwei Kinder daran beschäftigen können. Das Wasser sollte nach Möglichkeit lauwarm sein und nicht neben den Sägespänen stehen.

Vorgehensweise:
Fragen Sie die Kinder, welche Materialien sie sehen und wo diese auf dem Bauernhof zu finden sind bzw. wozu sie gebraucht werden. Folgende Aspekte sollten besprochen werden:

- Stroh findet man in den Ställen als Bodenbelag, da es wärmespeichernd, weich und saugfähig ist. Man findet es in nahezu allen Ställen von vielen Tieren.
- Heu ist getrocknetes Gras und wird an Kaninchen, Pferde und Kühe verfüttert.
- Erde findet man auf den Feldern, auf Koppeln und unbefestigten Wegen. Mit dem Wasser vermischt ergibt es Schlamm, in dem die Schweine sich gern suhlen.
- Getreide findet man auf den Feldern. Aus Getreide wird Mehl gewonnen, was die Basis für alle Backwaren ist.
- Sägespäne werden als Bodenbelag genutzt, häufig für kleine Ställe von Meerschweinchen, Hasen usw.

Anschließend dürfen die Kinder sich mit dem Material auseinandersetzen. Folgende Fragen sollten nach Möglichkeit erarbeitet werden:

- Wie fühlt sich das Material jeweils an? Ist es warm, kalt, weich, hart?
- Wie und wonach riecht es? Woran denkt man, wenn man den Geruch einatmet?
- Wie sieht es aus? Welche Farbe hat es? Worin unterscheiden sich die Materialien?

Wenn die Kinder mit dem Material spielen, basteln oder damit matschen möchten, wäre es gut, wenn Sie ihnen dies ermöglichen können. Je intensiver ein Kind sich mit Material auseinandersetzt, umso besser bleibt es im Gedächtnis haften.

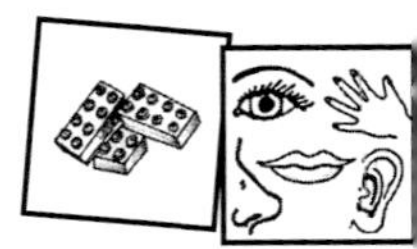

Nachspuren (ab 4 Jahren)

Hilf dem Huhn, den Weg in sein Nest zu finden. ✏ Spure nach.

BVK • Cornelia Emde: Kita aktiv „Projektmappe Bauernhof"

✂ ....

Im Hühnerstall (ab 2 Jahren)

Material:
1 Langbank, 1 Sprossenwand, 1 großer Kasten, 1 Rutsche, 1 Leiter, 2 kleinere Kästen, 5 Spielzeugeier, 1 Nestschaukel, mind. 5 Schaumstoffelemente, Treppenbausteine, 1 Weichbodenmatte, Fallschutzmatten

Vorbereitung:
Die Langbank wird auf der einen Seite in die Sprossenwand und auf der anderen Seite in den Kasten eingehängt. Die Rutsche wird neben die Langbank in die Sprossenwand eingehängt. Legen Sie Fallschutzmatten unter die Langbank und die Rutsche. Auf der anderen Seite des großen Kastens wird die Leiter eingehängt. Diese kann man entweder mit dem anderen Ende auf den Boden legen oder um eine weitere Balanciergegebenheit erweitern, indem man sie anderswo einhängt.
Die Nestschaukel wird aufgehängt und mit Matten auf dem Boden abgesichert.
Aus den Schaumstoffelementen und Treppenbausteinen wird ein Hindernisparcours gebaut. An ein Ende werden die Spielzeugeier gelegt.
Die zwei kleinen Kästen werden nebeneinandergestellt und die Weichbodenmatte wird darübergelegt.
Hier bitte wieder alles mit Fallschutzmatten absichern.

Vorgehensweise:
Die Kinder können sich aussuchen, mit welcher Übung sie beginnen. Das Kletterarrangement um Langbank, Kasten und Leiter stellt die Hühnerstangen dar, auf denen die Hühner schlafen oder sich bewegen. Hier können die Kinder herumklettern und balancieren.
In der Nestschaukel können sie pausieren. Die Eier bringen die Kinder vom einen Ende zum anderen über den Hindernisparcours aus Schaumstoffelementen.
Der Mattenberg stellt den Misthaufen dar. Hier können die Kinder hochklettern.

BVK • Cornelia Emde: Kita aktiv „Projektmappe Bauernhof"

Mitmach-Geschichte (ab 2 Jahren)

Vorgehensweise:
Die Kinder stellen sich am besten in einen Kreis, damit sie die Fachkraft die ganze Zeit über im Blick haben. Die Geschichte wird vorgelesen. Die kursiv gedruckten Wörter sind die Bewegungen oder die Laute, die die Kinder mitmachen. Der Vorleser sollte die Bewegungen und Laute ebenfalls ausführen.

Geschichte:
An einem schönen sonnigen Tag *(die Hände aneinander legen und dann einen großen Kreis beschreiben)* stand Bauer Hoppe gut gelaunt auf *(Glieder recken und strecken).* Er zog sich rasch an *(imaginär anziehen)* und wusch sich *(mit der Hand kreisende Bewegungen im Gesicht machen).* Nach dem Frühstück trat er vor die Tür und atmete die frische Landluft tief ein *(Augen schließen und geräuschvoll einatmen),* dann ging er in den Stall *(auf der Stelle gehen)* zu den Kühen. Bauer Hoppe nahm die Heugabel *(nach etwas greifen)* und begann, das Heu in die Futtertröge zu schaufeln *(mit beiden Händen eine imaginäre Heugabel halten und schaufeln).* Danach holte er einen Eimer Wasser und gab den Kühen zu trinken *(mit beiden Händen einen imaginären Eimer halten und ihn auf den Kopf drehen).* Während die Kühe frühstückten, ging Bauer Hoppe zu den Pferden *(auf der Stelle gehen)* und gab jedem eine Möhre *(eine imaginäre Möhre in der Hand halten und den Arm ausstrecken. Mit der anderen Hand kann man Streichbewegungen machen, so als ob man das Pferd über die Nüstern streicheln würde).* Dann nahm er das Halfter und führte die Pferde nacheinander nach draußen auf die Koppel *(nach etwas greifen, den Arm anwinkeln und die Finger zum Zügelgriff formen. Auf der Stelle gehen).* Als Nächstes mussten die Schweine versorgt werden. Bauer Hoppe nahm sich einen Eimer voll mit Futter und trug ihn zu den Schweinen, die ihn grunzend begrüßten *(Grunzlaute nachahmen).* Der Bauer kippte das Futter in die Tröge der Schweine *(mit beiden Händen einen imaginären Eimer halten und auf den Kopf drehen).* Zuletzt waren die Hühner an der Reihe. Auch sie bekamen ein bisschen Futter. Der Bauer öffnete die Tür und ein lautes Gegacker ertönte *(wie die Hühner gackern).* Bauer Hoppe grinste *(lachen)* und gab auch ihnen zu fressen. Dann ging er auf Eiersuche, denn die Hühner hatten bestimmt ihre ersten Eier gelegt *(mit der Hand die Augen abschirmen und nach etwas suchen).* Oh, da lagen tatsächlich welche. Bauer Hoppe bückte sich und sammelte die Eier auf *(in die Hocke gehen und imaginäre Eier aufsammeln).* Nun waren die Kühe mit ihrem Frühstück fertig und konnten gemolken werden. Den Korb mit den Eiern stellte Bauer Hoppe an die Stalltür und ging zu den Kühen, die nun aufgeregt muhten *(wie die Kühe muhen).* Er nahm die Schläuche und steckte sie den Kühen nacheinander an den Euter *(Fäuste machen und sie wie zum Anstecken öffnen und schließen).* Er drückte mit dem Daumen an der Melkmaschine einen Knopf *(Drückbewegung machen)* und dann ratterte sie los und molk die Kühe. Bauer Hoppe lehnte sich an die Wand *(die Arme vor der Brust verschränken)* und wartete. Als die Kühe fertig gemolken waren, entfernte Bauer Hoppe die Schläuche wieder *(Hände wieder zu Fäuste ballen und vorsichtige Abreißbewegungen machen)* und öffnete das Tor *(einen Arm vom Körper wegführen).* Da stampften die Kühe los und gingen auf die Weide *(mit den Füßen trampeln),* der Bauer passte auf, dass alle Kühe zusammen blieben und den richtigen Weg gingen *(auf der Stelle gehen).* Nun musste der Bauer die Ställe saubermachen. Er nahm die Mistgabel *(nach etwas greifen)* und begann, den Mist wegzuschaufeln *(Schaufelbewegungen machen).* Anschließend spritzte er die Böden mit einem Schlauch ab *(Schlauch halten und die Arme hin- und herbewegen).* Zuletzt verteilte er sauberes Stroh in den Ställen *(mit den Armen imaginäres Stroh aufheben und verteilen).* Puh, die Arbeit war anstrengend *(mit der Hand über die Stirn wischen),* aber er hatte es ja geschafft. Jetzt brauchte Bauer Hoppe eine kleine Pause. Er setzte sich auf die Bank, schloss die Augen und entspannte sich *(hinsetzen, Augen schließen).*

Fortbewegen wie die Tiere (ab 2 Jahren)

Material:
10 Pylonen

Vorbereitung:
Die Pylonen werden in regelmäßigem Abstand kreisförmig aufgestellt. Der Durchmesser sollte mindestens fünf Meter betragen.

Spielregeln:
Die Kinder stellen sich hintereinander auf.
Der Spielleiter gibt die Tiere und deren Fortbewegung vor, zum Beispiel: „Wir trampeln wie die Kühe.“ Alle gehen stampfend zwischen den Pylonen im Kreis zur Ausgangsposition. Danach wird eine neue Anweisung gegeben, zum Beispiel: „Wir hoppeln wie die Kaninchen.“ Auf diese Weise kann man die Fortbewegungen der Tiere nachahmen und üben. Dazu dürfen auch die Tierlaute nachgemacht werden.
Die Spielleitung kann auch ein Kind übernehmen.
Die Kinder können sich abwechseln, sodass jeder einmal Anweisungen geben darf.

Kuhfladen ausweichen (ab 3 Jahren)

Material:
Je nach Spielort und Wetterverhältnissen benötigen Sie in der Turnhalle ein Kissen, im Außengelände ein nasses Geschirrtuch oder Wasserbomben.

Vorbereitung:
Spielt man das Spiel draußen, so müssen die Wasserbomben (welche die Kuhfladen darstellen) vorbereitet werden. Ansonsten das nasse Geschirrtuch oder das Kissen bereithalten.

Spielregeln:
Ein Kind wird ausgewählt, das die Rolle der Kuh spielt. Es darf nun die anderen Kinder mit den Wasserbomben / dem Tuch / dem Kissen (Kuhfladen) abwerfen.
Die Kinder laufen kreuz und quer durch den Garten oder die Turnhalle und versuchen, dem Kuhfladen auszuweichen, den die Kuh (das Kind) abwirft.
Jedes Kind, das von dem Kuhfladen getroffen wurde, scheidet aus.
Die Rolle der Kuh wird gewechselt, wenn alle Kinder getroffen wurden.
Hat man Kinder mit einer geringen Frustrationstoleranz dabei, dann kann man auch ohne das Ausscheiden der Kinder spielen. Stattdessen muss das Kind fünf Sekunden still verharren und darf dann weiterspielen. Hierbei kann man die Rolle der Kuh nach einer bestimmten Zeit wechseln.

BVK • Cornelia Emde: Kita aktiv „Projektmappe Bauernhof“

Hühner rupfen (ab 5 Jahren)

Material:
für jedes Kind 3 Wäscheklammern

Spielregeln:
Alle Kinder sind Hühner. Sie erhalten jeweils drei Wäscheklammern, die sie am Pulloversaum am Rücken anstecken. Dies sind ihre Federn.
Auf Kommando laufen alle Kinder los und versuchen, sich gegenseitig die Federn vom Pullover zu rupfen. Die gerupften Federn müssen sie bei sich selbst anbringen, doch genau hier droht die Gefahr. Während das Kind die neuen Federn feststeckt, muss es darauf achten, dass ihm währenddessen keine Feder ausgerupft wird. Sobald ein Kind keine Federn mehr besitzt, scheidet es aus. Gewonnen hat das Huhn, welches als Erstes zehn Federn am Pullover trägt.

Alternative:
Bei diesem Spiel sind schnelles Reaktionsvermögen, hohe Aufmerksamkeit und motorisches Geschick gefragt, deshalb ist es eher für Vorschulkinder geeignet. Möchte man das Spiel aber auch mit kleineren Kindern spielen, so bringen sie die ausgerupften Federn nicht bei sich selbst an, sondern legen sie auf die Seite oder lassen sie fallen. Hier gewinnt dann das Kind, das als Letztes noch Federn hat.
Eine weitere Alternative für die Kleinsten wäre, sich gegenseitig die Federn anzustecken. Das wäre dann allerdings kein Wettspiel mehr, sondern mehr eine soziale Fördereinheit mit Kontaktaufnahme.

Schweine fangen (ab 2 Jahren)

Material: –

Spielregeln:
Ein Kind ist der Bauer, alle anderen sind die Schweine.
Die Schweine laufen durch die Turnhalle und der Bauer versucht, seine Schweine wieder einzufangen. Dazu klatscht er sie ab und die Schweine müssen still stehen und die Beine breit machen.
Die anderen Schweine können die eingefangen Schweine befreien, indem sie zwischen ihren Beinen hindurchkriechen.
Hat der Bauer alle Schweine gefangen, so ist das Kind, welches als Letztes gefangen wurde, der nächste Bauer.
Dauert das Spiel zu lange, kann man auch einen zweiten oder dritten Bauern ernennen.

Treckerführerschein (ab 4 Jahren)

Material:
2–4 Trampeltrecker mit Anhänger, 10 Pylonen, 3 Decken / Handtücher, Kopiervorlage „Treckerführerschein" (s. u.), ein paar schwere Steine, 10 Seile

Vorbereitung:
Die Kopiervorlage „Treckerführerschein" entsprechend der Kinderanzahl kopieren und beschriften.
1. Station: In der Turnhalle / im Außengelände acht Pylonen für eine „Slalomfahrt" in einem Abstand von etwa 2 m hintereinander aufstellen.
2. Station: Für die Fahrt durch den Matsch wird im Außengelände eine Wegstrecke entsprechend mit Wasser und Erde vorbereitet. In der Turnhalle kann man stattdessen Decken oder Handtücher auf den Boden legen.
3. Station: Die übrigen zwei Pylonen stehen an einer Seite und werden zur „Parklücke".
4. Station: Die Seile werden so auf den Boden gelegt, dass sie ein Straßennetz ergeben. Der Anhänger steht mit Steinen beladen am Start der Straße.

Vorgehensweise:
Jedes Kind befährt den Parcours mit einem der Trampeltrecker. Bei den acht Pylonen fahren die Kinder zunächst vorwärts im Slalom durch die Pylonen, ohne sie zu berühren. Anschließend versuchen sie, rückwärts Slalom zu fahren.
Bei der Matschfahrt befahren die Kinder mit dem Trecker den entsprechenden Weg. Sollte dies in der Turnhalle auf den Decken stattfinden, sollten die Decken anschließend für den nächsten Fahrer neu positioniert werden.
In die Parklücke fährt das Kind einmal vorwärts und einmal rückwärts mit dem Trecker. Rangieren ist natürlich erlaubt.
Anschließend folgt eine Prüfung im Straßenverkehr. Dazu orientiert sich das Kind an den Seilen, die auf dem Boden liegen. Das Kind fährt den Weg erst ohne den Anhänger und koppelt ihn erst in der zweiten Runde an. Ziel ist es, den Anhänger bis zum Ende der Straße und dann wieder zurückzubringen. Durch die Steine ist es recht schwer, den Anhänger zu ziehen. Dies verlangt einiges an Beinmuskeln, deshalb sollte das Beladungsgewicht davon abhängen, wie kräftig das Kind ist.
Hat ein Kind alle Fahrprüfungsaufgaben absolviert, so erhält es den Treckerführerschein und damit endet das Spiel für das Kind. Den Führerschein darf es nach Belieben noch anmalen. Damit keine Langeweile unter den Kindern aufkommt, können auch mehrere Kinder gleichzeitig fahren. Doch achten Sie dann darauf, dass die Kinder unterschiedliche Prüfungsstationen abarbeiten.
Selbstverständlich dürfen sich die Kinder auch eigene Prüfungsaufgaben ausdenken.

Kopiervorlage „Treckerführerschein"

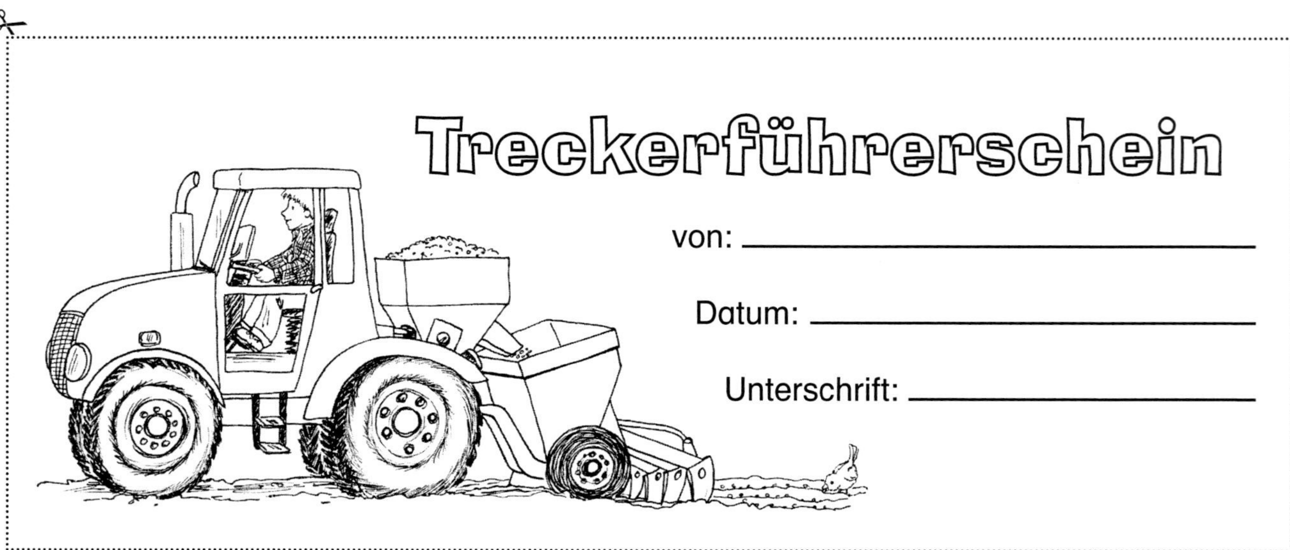

Auf dem Bauernhof (ab 2 Jahren)

Material:
ein Bällchenbad / viele Kissen und 1 Planschbecken, 1 großen Sack Stroh, 1 großen Kasten, 2 Langbänke, 1 Weichbodenmatte, mindestens 5 Fallschutzmatten, Schminkstifte, 1 Ball, 2 Seile, evtl. gebstelte Masken (s. S. 13)

Vorbereitung:
Das Bällchenbad wird aufgestellt. Wer keines hat, kann auch ein Planschbecken verwenden und es mit Kissen auffüllen.
Das Stroh wird in einer Ecke ausgelegt. Um ein Verteilen im ganzen Raum zu verhindern, kann ein Rand darum herum gebaut werden.
Der Kasten wird mittig in dem Raum platziert und die Langbank wird darin eingehängt. Unter der Langbank sollten Fallschutzmatten platziert werden und die Weichbodenmatte wird auf die andere Seite des Kastens gelegt.
Eine weitere Langbank steht in einem Abstand von einem Meter parallel zu einer Wand. Vier Fallschutzmatten werden dazwischen eingeklemmt, sodass ein Tunnel entsteht. Dazu stellt man eine Matte längs an die Wand und biegt die Mitte so, dass das andere Ende der Matte direkt vor der Langbank auf den Boden kommt. An einem Ende des Tunnels kann man mit Seilen eine Weide eingrenzen und den Ball hineinlegen.

Vorgehensweise:
Die Kinder werden auf einen Bauernhof eingeladen und können dort selbst ein Tier sein. Zunächst überlegt sich jedes Kind, welches Tier es gern spielen möchte. Dann kann man die Kinder entsprechend mit dem Schminkstift anmalen oder aber sie verwenden ihre zuvor gebastelten Tiermasken.
Anschließend erklärt man ihnen kurz die einzelnen Spielbereiche: Im Bällchenbad dürfen sie baden, durch das Stroh können sie sich hindurchwühlen oder nur darin ausruhen. Die Langbank können sie hinaufklettern und dann vom Kasten springen. Durch den Tunnel gelangen sie auf die Weide, auf der sie mit dem Ball spielen können.
Hier können die Kinder sich ihrem Spiel hingeben und ganz in die Rollen der Tiere schlüpfen.

Wie verhalte ich mich gegenüber Tieren? (ab 2 Jahren)

Material:
Bauernhoftiere als Kuscheltiere, Decke oder Stroh, Sitzkissen oder Stühle

Vorbereitung:
Stellen Sie einen Stuhlkreis oder Sitzkreis auf und legen Sie die Kuscheltiere auf eine Decke oder auf das Stroh in die Mitte.

Vorgehensweise:
Erzählen Sie den Kindern von dem bevorstehenden Besuch auf einem Bauernhof und bitten Sie sie, einmal zu überlegen, wie man sich den Tieren gegenüber verhält. Dabei sollte zum Beispiel besprochen werden, was man darf und was man auf keinen Fall tun darf.

Was darf ich bei Tieren machen?
- Ich darf sie streicheln, wenn es mir der Bauer erlaubt.
- Ich darf sie füttern, wenn es mir der Bauer erlaubt.

Darauf sollte ich achten:
- Ich sollte mich dem Tier gegenüber ruhig verhalten und wenn möglich keine Angst zeigen.
- Ich sollte mich rücksichtsvoll verhalten und das Tier genau beobachten.
- Ich darf dem Tier nicht wehtun oder es ärgern.
- Ich muss genau auf den Bauern hören, denn er kennt seine Tiere am besten.
- Wenn es neugeborene Tiere gibt, muss ich den Bauern fragen, ob ich mich dem Baby nähern darf. Manche Muttertiere wollen keinen Menschen bei ihrem Baby und werden böse.
- Wenn ich mir unsicher bin, wie ich mich verhalten soll, frage ich den Bauern.
- Ich zwinge kein Kind, etwas mit einem Tier zu machen, was es nicht will.
- Wenn ein Kind Angst vor einem Tier hat, spreche ich ihm Mut zu.

Wie können Tiere vielleicht reagieren, wenn ich etwas falsch mache?
- Die Tiere können wild werden und um sich treten oder beißen. Deshalb ist es so wichtig, sehr genau auf den Bauern zu hören.
- Die Tiere verlieren ihr Vertrauen zu den Menschen. Hier kann man als Vergleich aufzeigen, was passiert, wenn ein Kind das Vertrauen zu einem anderen Kind verliert. Die Gefühle, die das in einem auslöst, kann man den Kindern verdeutlichen.

Tipps zum sensiblen Umgang mit Tieren:
- Es ist immer wichtig, zu jedem Tier erst Vertrauen aufzubauen. Jedes Tier muss sich bei seinem Besitzer geborgen und beschützt fühlen, so wie sich jedes Kind bei seinen Eltern beschützt fühlt. Hier sollte man den Kindern den Vergleich zu der Beziehung zu ihren Eltern aufzeigen. Die Kinder können aufzählen, woran sie merken, dass ihre Eltern sie lieben und ihnen helfen. Wenn sie können, dürfen sie auch erklären, woran sie merken, dass sie jemandem vertrauen. Den Kindern diese positiven Handlungen der Eltern zu verdeutlichen, durch die die Eltern dem Kind ihre Liebe und ihr Vertrauen zeigen, kann den Kindern helfen, das Verhalten auf die Tiere zu transferieren.
- Bei den Jüngeren reicht es, wenn man mit ihnen nur bespricht, wie sie sich den Tieren gegenüber verhalten sollen und was sie nicht tun dürfen. Alles Weitere eignet sich erst für Kinder ab 5 Jahren.
- Mit den Kuscheltieren kann man das Kuscheln und das sorgfältige Streicheln üben. Außerdem sollte im Anschluss eine Massage durchgeführt werden, in der die Kinder üben, einen angemessenen Druck auf den Körper des Gegenübers auszuüben. Manche Kinder haben Schwierigkeiten, ihre Muskelkontraktionen zu kontrollieren und üben einen entsprechend starken Druck aus, der beim Gegenüber zu Unbehagen führt. Bei Tieren, die sich ja nicht verständlich äußern können, kann das zu fatalen Folgen führen.

Massageeinheit (ab 2 Jahren)

Material:
Matten, weiche Bürsten mit unterschiedlichen Borsten (immer zwei gleiche), Schwämme

Vorbereitung:
Die Matten werden längs nebeneinandergelegt, sodass sich die Kinder darauf knien können. Sie sollten so angeordnet sein, dass es zwei Mattenwege gibt und sich dazwischen auch ein Weg befindet. Ziel ist es, dass immer ein Kind auf dem Weg zwischen den Matten krabbelt und die übrigen Kinder auf den Matten knien und das Kind, welches krabbelt, putzen und striegeln.

Vorgehensweise:
Ein Kind geht in Krabbelstellung an den Anfang des Weges zwischen den Matten. Die anderen Kinder knien auf den Matten und bekommen je eine Bürste oder einen Schwamm. Die sich gegenübersitzenden Kinder brauchen jeweils immer die gleiche Bürste oder den gleichen Schwamm. Wenn alle bereit sind, krabbelt das Kind los und begibt sich auf den Putzweg.
Die knienden Kinder bürsten und striegeln das krabbelnde Kind vorsichtig, das sich langsam vorwärtsbewegt. So erhält es eine Ganzkörpermassage mit unterschiedlichen Spürerfahrungen. Hierbei ist es wichtig, dass die massierenden Kinder darauf achten, nicht zu viel Druck auf die Bürsten auszuüben, sonst wird die Massage für das krabbelnde Kind unangenehm.
Das krabbelnde Kind muss sich auch äußern, wenn die Massage nicht angenehm ist.
Sobald das Kind den Weg entlanggekrabbelt und gestriegelt worden ist, tauscht es den Platz mit einem anderen Kind, das dann selbst durch die Gasse krabbelt. So ist am Ende jedes Kind einmal geputzt worden.

Schlammbad (ab 2 Jahren)

Material:
2 Planschbecken, warmes Wasser, Erde / Bodenbelag, Handtücher, Gartenschlauch, Badesachen für die Kinder

Vorbereitung:
Informieren Sie die Eltern über das Angebot, da die Kinder sicherlich nicht einwandfrei sauber werden oder die Eltern noch Einwände äußern können. Außerdem sollten die Kinder Badesachen von zu Hause mitbringen.
Dieses Angebot wird im Garten der Einrichtung durchgeführt. Die Planschbecken werden aufgebaut und Wasser eingelassen. In ein Planschbecken wird die Erde gemischt, damit Schlamm entsteht. Das andere Planschbecken bleibt nur mit Wasser gefüllt. Legen Sie Handtücher neben dem Wasserbecken bereit.

Vorgehensweise:
Erklären Sie den Kindern, dass sie sich nun einmal wie Schweine fühlen dürfen. Sie können ein Schlammbad nehmen. Dazu ziehen sich die Kinder ihre Badesachen an und begeben sich in das Schlammbecken. Nach Herzenslust können sie sich darin suhlen und baden. Natürlich können sie dabei auch ihre Körper bemalen oder sich gegenseitig mit dem Schlamm einseifen.
Hier kann auch das Suchen von Gegenständen mit eingebunden werden. Dazu werden bestimmte Gegenstände im Matsch versteckt, die die Kinder durch Tasten und Wühlen finden müssen. Anschließend werden die Kinder mit dem Gartenschlauch abgespritzt.
(Achtung: Bitte auf die Strahleinstellung achten. Entweder den Sprühaufsatz mit leichtem Druck verwenden oder ohne Sprühaufsatz. Vorher neben den Kindern testen.)
Nach der Dusche können sich die Kinder in das warme Wasserplanschbecken legen.

BVK • Cornelia Emde: Kita aktiv „Projektmappe Bauernhof“

Tierfamilien (ab 4 Jahren)

Material:
folgende Bauernhoftiere als Spielzeug: Pferd, Kuh, Schwein, Hund, Huhn, Katze (jeweils zwei große Figuren und mindestens eine kleine), Kopiervorlage „Der Hof" (s. S. 42)

Vorbereitung:
Kopieren Sie die Kopiervorlage „Der Hof" auf die gewünscht Größe hoch.

Vorgehensweise:
Man beginnt zunächst mit einer Tierfamilie, zum Beispiel den Schweinen. Dazu bittet man ein Kind, die Schweine auf ihren Lieblingsort auf das große Spielebild zu stellen (der Matschbereich). Nun bespricht man mit den Kindern, dass der Schweinevater Eber heißt und die Schweinemutter Sau. Die Schweinekinder nennt man Ferkel, zusammen sind sie eine Schweinefamilie. Hierbei kann man auch Wissenswertes zu den Schweinen erarbeiten (z. B.: Was fressen Schweine? Warum riechen sie streng? Welche Farbe hat das Tier? …).
Auf diese Weise werden auch die weiteren Tierfamilien besprochen und auf dem Spielebild platziert.

Pferd ♑ *Vater:* Hengst, *Mutter:* Stute, *Kind:* Fohlen
Kuh ♑ *Vater:* Bulle, *Mutter:* Kuh, *Kind:* Kalb
Huhn ♑ *Vater:* Hahn, *Mutter:* Henne, *Kind:* Küken
Hund ♑ *Vater:* Rüde, *Mutter:* Hündin, *Kind:* Welpe
Katze ♑ *Vater:* Kater, *Mutter:* Katze, *Kind:* Kätzchen

Anschließend kann man in ein Rollenspiel zu den Tieren übergehen, um die Bezeichnungen der Familienmitglieder zu festigen.

Was gehört zusammen? (ab 4 Jahren)

Male die Tiere, die zu einer Familie gehören, in der gleichen Farbe an.